ちくま新書

創造的福祉社会
——「成長」後の社会構想と人間・地域・価

広井良典
Hiroi Yoshinori

914

創造的福祉社会——「成長」後の社会構想と人間・地域・価値【目次】

序——本書をお読みいただく方へ 009

【時間軸／歴史軸】私たちはどのような時代を生きているか 015

第1章 創造的定常経済システムの構想——資本主義・社会主義・エコロジーの交差 016

はじめに——資本主義の現在／社会的セーフティネットの構造と進化／「システムの根幹にさかのぼった社会化」の意味／「ストックに関する社会保障」の重要性／コミュニティというセーフティネット／社会保障財源について——経済システムの進化と〝富の源泉〟／「創造性」の再定義——定常型社会と創造性／「生産性」の再定義——環境・福祉・経済の相乗効果／人類史の中の定常型社会／創造的定常経済・創造的福祉社会へ／【第1章付論】国民皆保険システムの空洞化の是正——年金および医療について

【空間軸】グローバル化とローカル化はどのような関係にあるか 055

第2章 グローバル化の先のローカル化――地域からの〝離陸〟と〝着陸〟 056

1 コミュニティとしての都市――コミュニティ感覚と空間構造 056

はじめに――地域再生を考える新たな視点／ヨーロッパの事例から――「つながり・ゆっくり」のコミュニティ空間／「コミュニティ感覚」と空間構造／中国の事例から――生産のコミュニティと生活のコミュニティ／日本の事例から――都市のあり方とコミュニティ／「環境・福祉・経済」の相乗効果とまちづくり／「都市型コミュニティ」の確立という基本的課題／「関係性の進化」と組みかえ／人口構造の変化と「地域」の浮上――〝地域密着人口〟の増加／「福祉都市Welfare City」の可能性／都市政策と福祉政策の統合

2 地域の「豊かさ」とは何だろうか 095

はじめに――若者のローカル志向は否定的に考えられるべきか／経済成長と幸福／「ローカルからグローバルへ」の全体構造／これからの地域と成長・拡大vs定常化――全国自治体アンケート調査結果から／グローバル化・ローカル化と経済の地域内循環／地域の「豊かさ」とは／問題の多様性と「空間的な解決」／地域の「自立」とは――不等価交換と再分配／「プレ市場」と「ポス

ト市場」／地域レベルでの「高福祉・高負担vs低福祉・低負担」という新たな対立軸／自治体レベルで「税を問う」議論を――単純な公的サービス削減への疑義／地域における社会モデルの構想と政策展開の重要性／「地域総合プランナー」の必要性／地域からの〝離陸〟と〝着陸〟／【第2章付論】地方の独自課税をめぐって

【原理軸】私たちは人間と社会をどのように理解したらよいか　143

第3章　進化と福祉社会――人間性とコミュニティの進化　144

はじめに――「人間についての探究」と「社会に関する構想」をつなぐ

1　ケア／コミュニティの進化――人間社会の起源　147

類人猿から人類へ――重層社会の成立／家族・集団のウチとソト／「分配」の起源と遊び／分配・再分配・環境／「感情」の起源と社会／狩猟採集社会の「豊かさ」と平等／狩猟採集社会の「平等」とその意味

2 「心のビッグバン」――第一の定常化？ 176
五万年前の「文化の大爆発」／「認知的流動性」と意識の起源／部族本能仮説――コミュニティの生成とその両義性／なぜ「心のビッグバン」が生じたのか――狩猟採集社会の技術パラダイムの飽和と「第一の定常化」

3 「枢軸時代／精神革命」の意味――第二の定常化？ 192
農耕社会の抑圧と憂鬱？／「都市」の生成とその意味／枢軸時代・精神革命／異なるコミュニティを「つなぐ」思想／農耕文明の成熟・定常化と枢軸時代・精神革命／物質的生産の拡大から内的・質的な発展への転回／「普遍的な思想」の多様性と〝リージョナルな住み分け〟

4 近代における「倫理の外部化」――マンデヴィル的転回 219
「私利の追求」の肯定／パイの「成長・拡大」という基本条件／近代社会における「倫理の外部化」／自由の一次性と「権利 right」／資本主義の進化と「権利」の変容

5　ポスト資本主義／定常型社会における価値　236
経済社会システムと倫理の進化／互恵的利他行為――規範あるいは倫理の起源／「心のビッグバン」と規範・文化の自立／遺伝子と文化の共進化／倫理と社会構造のダイナミクス――農耕社会以降の展開と現在／「枢軸時代・精神革命」期との共通性と差異――個人という出発点／「宇宙」に対する「地球」／地球倫理――第三の定常化の時代における価値ないし倫理／「自然―コミュニティ―個人」をめぐる価値の重層的な統合／規範的価値と存在の価値の融合～存在と価値の融合

参考文献　267

あとがき　273

序──本書をお読みいただく方へ

　本書は、〝限りない経済成長〟の追求という時代の後に実現されるべき社会のありようを、「創造的福祉社会」あるいは「創造的定常経済システム」というコンセプトを中心にして構想するものである。

　いま述べた「創造的福祉社会」や「創造的定常経済システム」という言葉は、本書のタイトルとも重なるものだが、それについて若干の疑問を抱いたりとまどいを覚える方も少なくないかもしれない。というのも、「創造的」という言葉ないしコンセプトは、通常「福祉」という概念とはあまり結びつかないし、むしろ逆の方向を指しているという印象すらあるだろう。まして「創造的定常経済」については、次々と新たなものが創られ変化していくという含意の「創造的」という言葉と「定常」経済を結びつけるのは、語義矛盾であるという受け止め方が一般的かもしれない。

しかし本書の主張は、そうした一見対立するような「創造的」という概念と「福祉社会」あるいは「定常経済システム」が、むしろ相互に補強する関係に立つような社会ないし時代を、現在の私たちは迎えつつあるという点にある。さらに言えば、本書の中で構想していくような福祉社会あるいは定常経済システムという社会モデルを実現することによってこそ、人々の創造性が真に開花し実現されていく社会は可能になる、というのがここでの問題提起となっている。

そもそも私たちはいまどのような場所に立っているのか。現在の日本そして世界が、数百年単位の大きな曲がり角にさしかかっているという点については、ある意味そうした趣旨の議論がすでに多くあるとも言えるが、その実質的な内容は必ずしも明らかではない。

一方、日本社会については、長びく経済的停滞や、過労死と失業の同時的な並存、三万人を超える自殺者という状況が一〇年以上にわたり続いている事実など、すでにその問題状況自体はあらためて言及するまでもないものになっているが、近年では、たとえば『エコノミスト』誌が昨年（二〇一〇年）秋、人口減少や高齢化問題を中心に「ジャパン・シンドローム（日本症候群）」という言葉とともに特集記事を組むなど、世界的にも議論の対象となっていた。

そしてそのような時に、東日本大震災は起こった。あとがきでも少しふれるように、基本コンセプトはもちろん各章の文章を含めて、本書の大半は地震の起こった本年三月より前に書かれたものであり、震災に直接言及する箇所はほぼ皆無である。しかしながら、少なくとも中長期的な展望を含めた未来の構想に関しては、本書で論じまた提案している種々の内容は、結果的に、半ば偶然ではあるが、震災を踏まえたこれからの日本社会のビジョンという主題とかなりの部分呼応しているのではないかと思う。

その中にはたとえば、従来型の「成長」概念にとらわれない社会モデルの構想、住宅・土地など「ストックの社会保障」やそこでの公的部門の強化、「グローバル化の先にあるローカル化」という基本理解と政策、「福祉都市」のビジョン、地域の「自立」の意味、原理にさかのぼった「価値」の追求、そして〝危機〟の時代における思想の生成等々が含まれる。

*

こうした内容を展開していくにあたり、本書は次のような三つの軸、あるいはそれに対応する「問い」の探究によって構成されている。

第一の軸は「時間軸／歴史軸」と呼べるもので、これは《私たちはどのような時代を生きているか》という問いに関する主題である。この軸ないし問いに呼応するのが**第1章**（**創造的定常経済システムの構想**）で、そこでは特に資本主義というシステムの展開と現在そして今後という視点を手がかりにして、私たちがこれから実現していくべき社会像の輪郭を、先ほどもふれた「創造性」などいくつかの基本概念の再定義とともに描き構想してみたい。

第二の軸は「空間軸」と呼べるもので、これは《グローバル化とローカル化はどのような関係にあるか》という問いに関する主題である。本書の中でくわしく論じていくように、成長の時代とは〝進んでいる―遅れている〟といった「時間座標」が優位に立つ社会であったが、「成長」後の社会においては、むしろ各地域の風土的・環境的多様性に人々の関心が向かうようになり、「空間」そしてローカルな「地域」というものが前面に浮上してくることになる。そうしたことがグローバル化という現象とどのように関わるかという点を含めて、今後の都市や地域のありようを考えていくのが**第2章**（**グローバル化の先のローカル化**）である。

第三の軸は「原理軸」と呼べるもので、これは《私たちは人間と社会をどのように理解したらよいか》という問いに関わる主題である。本書の中で議論していくように、現在の私たちは、人類史の中での〝第三の定常化〟の時代という、数百年〜数千年ないし数万年単位の時代の節目を迎えている。そのような時代においては、「社会に関する構想」と「人間についての探究」はとりわけ不可分のものとなり、あらゆる前提を括弧に入れた、原理にさかのぼった人間と社会についての探究が求められる。そうしたテーマを、人類史全体の歴史的視点と原理的な考察を交差させながら追究していくのが**第3章**（**進化と福祉社会**）である。

以上のように、本書の三つの章は互いに緊密に連動する全体をなしているが、同時にそれぞれのテーマはある程度独立した性格ももっているので、必ずしもこの順で読んでいただく必要はない。もっとも大きな次元でのこれからの時代・社会モデルのスケッチについて関心のある方は第1章を、地域やまちづくりに関する具体的なビジョンや政策に関心のある方は第2章を、人間という生き物やそれとコミュニティ、社会等との関係、あるいは価値に関する原理的なテーマに関心のある方は第3章をお読みいただければ幸いである。

それでは、これからの社会の構想と人間についての探究の旅に出発することにしよう。

【時間軸／歴史軸】私たちはどのような時代を生きているか

第1章　創造的定常経済システムの構想——資本主義・社会主義・エコロジーの交差

†はじめに——資本主義の現在

現在の先進諸国あるいは資本主義は、後に論じていくように〝生産性が上がりすぎた社会〟である。そこでは構造的な「生産過剰」が生じており、その結果とりわけ若年層を中心に失業が慢性化し、それが様々な格差や貧困を帰結させ、いわば「過剰による貧困」が一般化している。

他方、いま述べた「生産過剰」とは、市場経済あるいは〝貨幣に換算される経済〟の領域に関するものであって、逆にケア、コミュニティ、自然といった、貨幣に換算するのが困難であるような領域——あるいは、十分な貨幣的な評価がなされにくい領域——に関する人々の欲求や関心はむしろ大きく生成しつつあり、社会起業家や協同労働、ソーシャル・ビジネス等々といった動きが各地域において展開しつつある。

手始めに、まず図1-1をご覧いただきたい。これは年齢別に見た失業率の推移であり、近年では一〇代後半から三〇代までの若者の失業率は高齢者の失業率よりも高くなっている。またここでの「失業率」には入らないものの、つまり仕事に就いてはいるものの、非正規雇用だったり（かりに正規でも）低賃金の者が多く存在する。

問題は、そもそも「なぜ」このような状況が生じるかについての根本原因あるいは構造は何かという点である。この点がほとんど議論されていないように見える。

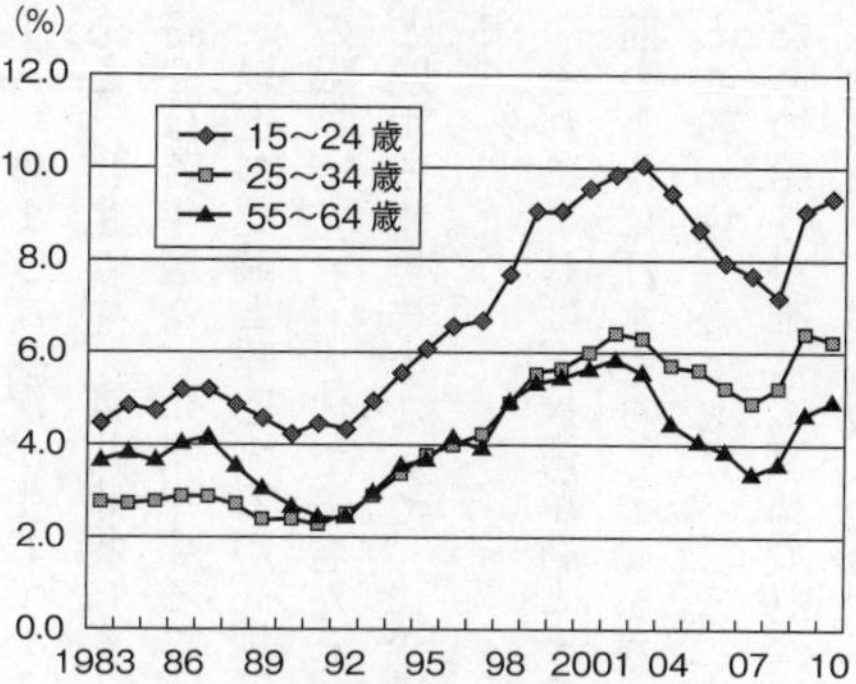

図1-1　年齢階級別失業率の年次推移
（出所）労働力調査より作成

先進諸国における慢性的な失業率の高さの背景には、様々な要因が複雑にからんでいるが、もっとも大きな要因は、先ほども言及したように現在の資本主義が構造的な「生産過剰」に陥っていることにあると考えられる。言い換えると、これだけモノがあふれる時代状況の中で、「成長」の時代には自明であった「雇用の総量が増加を続ける」という前提が現在では成り立たなくなっており、雇用に関するある種の〝椅子とりゲーム〟のような状況が生じているのである。こうした状況では、退出者がいない限り「椅子のあき」は生じず、雇用市場に参入していく段階で大きな障害が存在することになり、そのしわ寄せは若年層などに集中することになる。

以上の認識と呼応するが、地球環境問題についての先駆的かつ記念碑的な著作である『成長の限界』（一九七二）で著名なローマ・クラブは、『雇用のジレンマと労働の未来』（一九九七）と題する報告書のなかで、〝楽園のパラドックス〟という次のような興味深い議論を行っている。

それによれば、技術革新とその帰結としての大幅な労働生産性の上昇により、われわれは以前のように汗水たらして働かなくてもよくなり、〝楽園〟の状態に少しずつ近づきつつある。ところが困ったことに、「すべてのものを働かずに手に入れられる」楽園においては、成果のための給与が誰にも支払われないということになり、結果として、そうした楽園は、社会的な地獄状態――現金収入ゼロ、一〇〇％の慢性的失業率――になってしまうことになる（田中[二〇〇八]参照）。

これは、一見納得しがたい議論のようにも映るが、考えてみれば当然のものであり、つまり「生産性が最高度に上がった社会においては、少人数の労働で多くの生産が上げられることになるので、その結果、おのずと多数の人が失業することになる」ということだ。まさに「パラドックス」であり、しかし紛れもなく現在の先進諸国において現に起こっている事態である。

日本の現状を見ると、〝失業の不安にかられて過重な労働を行い、それがさらなる生産過剰を招き、結果として「失業」と「過労」が同時に存在する〟[5]という皮肉な悪循環になってしまっている。

同時にこのことは、(「少人数の労働で多くの生産が上げられる」という場合のその少数の者に仕事と富が集中することになるわけだから) 仕事をもつ者―もたない者、あるいは富をもつ者―もたない者との間で二極化が生じることを意味し、それが「過剰」の問題であるとともに「分配」をめぐる問題であることを提起する。

かつての時代においては、単純に生産の総量が人々のニーズに追いつかず、そこに欠乏や貧困が生じていた。現在の場合、むしろ上記のような生産過剰によって失業が生じ、そこに貧困や格差が生じる。象徴的に言えば、「欠乏による貧困」ではなく「過剰による貧困」という新たな局面が生じているのだ。

ここでは「過剰」という富の「総量」の問題と、その「分配」という問題がからまっているのであり、そうした「過剰の抑制」と「再分配」という二者を私たちは同時に行っていく必要がある。

前者(過剰の抑制)の中には、①ヨーロッパなどで展開されつつある「〝時間の再配分〟政策ないし時間政策 time policy」（＝賃労働時間を短縮し、それを地域、家族、コミュニティや自然などに関わる賃労働以外の時間にシフトする等）や、②後に述べる（福祉、教育など）「労働集約的」な分野への労働力シフト、③環境政策などでのサービサイズ（モノを売る事業ないし経済活動を人が提供するサービスを売る事業に再編していく）、④いわゆるフレクシキュリティ flexicurity と呼ばれる、柔軟な労働市場と十分な生活保障および積極的雇用政策の組み合わせ等々が含まれ、後者（再分配）は本章で論じていくような社会保障などの政策が中心となる（以上のうち時間政策に関してOECD［2007］、田中［二〇〇八］、広井［二〇〇九a］参照）。

こうしたビジョンを共有し、成長に依存しない「定常型社会」ともいうべき社会、「脱成長」型の社会モデルを実現していくことがいま求められている。

†社会的セーフティネットの構造と進化

富の「総量」の問題とその「分配」という問題が交差しているという点を指摘したが、問題の所在とこれからの展望をより大きな視野において理解するために、ここで「社会的セーフティネット」という視点を取り上げ、それが資本主義の進化の中で歴史的にどのように展開してきたかを考えてみよう。

まず、現在の資本主義社会におけるセーフティネットというものを図1-2のように概括的にとらえてみる。第一に、「雇用」というセーフティネットがあり（図のC）、これは市場経済あるいは貨幣経済が浸透している現代の社会においては、雇用（「賃労働」とも言い換えられる）を通じて一定以上の貨幣収入を得ていることが、生活を維持していく上でのもっとも基本的なセーフティネットとなるという意味である。

ところが、人は病気になったり、失業したり、高齢のため退職して雇用から離れたりする。そうした場合に備えて存在するのが「社会保険」のセーフティネット（健康保険、失業保険、年金保険等）であるが（図のB）、この場合、社会保険という仕組みは、一定期間以上仕事に就いて社会保険料を支払うことができたことを前提としている（つまりCの雇用とセットになっている）ことに留意する必要がある。

そして、何らかの事情でそうした社会保険料の支払いすらできなかった場合に登場するのが、（税によって賄われる）公的扶助ないし生活保護のセーフティネッ

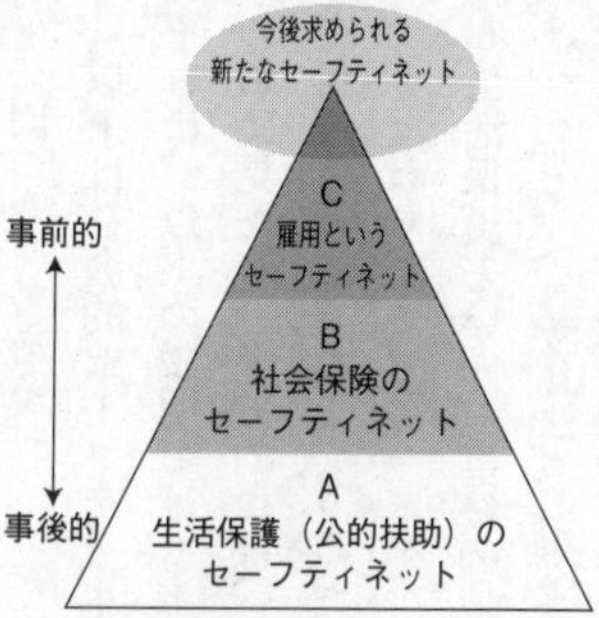

図 1-2　社会的セーフティネットの構造

（注）歴史的には、これらのセーフティネットはA→B→Cという流れで（＝事後的なものから事前的なものへという形で）形成されてきた（Cについては、ケインズ政策という雇用そのものの創出政策）。しかし現代社会においては市場経済そのものが成熟・飽和しつつある中で、市場経済を超えた領域（コミュニティ）を含むセーフティネットが求められている。

ト（図のA）である。

以上は社会的セーフティネットの構造についての確認だが、ここで重要なのは次の点である。それは、以上の説明ではセーフティネットのあり方を図1-2における上から下（C→B→A）の順に見たが、歴史的には、これらのセーフティネットはA→B→Cという、いわば逆の流れで形成されてきたという点だ。これについて、その大きな展開を以下のように概括してみたい。

すなわち、まず第一ステップとして、当初それは市場経済から落伍した者への公的扶助ないし生活保護という〝事後的救済策〟から始まった（その象徴的起源は一六〇一年のイギリスにおけるエリザベス救貧法）。現金給付中心の事後的な再分配である。

続いて第二ステップとして、産業化ないし工業化が本格化した一九世紀後半には、大量の都市労働者の発生を前にして、（上記のような事後的な救済策では到底間に合わなくなり）雇用労働者が事前に保険料を払って病気や老後等に備える仕組みとしての「社会保険」という、より事前的ないし予防的なシステムが導入された（一八七〇年代のドイツ・ビスマルク時代における社会保険三法の成立以降）。

しかし二〇世紀に入って世界恐慌に直面し、社会保険の前提をなす「雇用」そのものが確保できないという事態に至ると、第三ステップとして、ケインズ政策という、市場経済へのより積極的な介入――公共事業や社会保障による再分配を通じた需要喚起と、それによる経済成長そして雇用そのものの創出政策――が開始された。これは、市場そのものに政府が介入し、その拡大を管理するという意味で、いわば資本主義のより中枢に向けた修正が行われたことになる。

そして、そのように「成長」を維持してきたのが二〇世紀後半の資本主義の歴史だったと言えるが、冒頭にふれた近年の状況に見られるように、そうした不断の経済成長あるいは資源消費の拡大という方向自体が、根本的な臨界点に達しようとしているのが現在の状況である。

以上からも示されるように、歴史的な展開を巨視的に把握するならば、社会保障ないし福祉国家を含む社会的セーフティネット政策は、いわば「事後的・救済的なものから、事前的・予防的なものへ」と展開してきたという大きな流れを見出すことができる。

そして、以上の流れの総体を「資本主義の進化」という大きな視点でとらえ返してみると、それぞれの段階において分配の不均衡や成長の推進力の枯渇といった〝危機〟に瀕《ひん》した資本主義が、その対応を〝事後的〟ないし「周辺」レベルでのものから、順次〝事前的〟ないしシステムのもっとも「根幹」(あるいは上流)にさかのぼったものへと拡張してきた、という一つの太い線を見出すことができる。そして、そのようにして経済あるいは人々の欲望が大きく拡大・成長してきた最後の段階(としての定常型社会)において登場するのが、本章で提起しているような対応そして社会システムの姿なのではないだろうか。

それは、(a)いわば「システムのもっとも根幹（ないし上流）にさかのぼった〝社会化〟」ということが、(b)市場経済の成熟化・定常化（そして「市場経済を超える領域」の発展）や資源・環境制約の顕在化といった時代状況の中で行われるという意味において、「資本主義・社会主義・エコロジーの融合」とも呼ぶべき社会像と重なるものである。

＊公平性・効率性・持続可能性

若干概念的な論点を補足すると、図1-2のピラミッドでのA—B—Cは、標準的な経済学（ないし公共経済学）で政府ないし公的部門の役割とされる「①所得再分配機能（↓公平性の実現）」、「②資源配分機能（この場合は特に民間保険での「市場の失敗」是正のための社会保険↓効率性の実現）」「③景気調整機能」にそれぞれ対応しているとも言える。ただし後の「環境—福祉—経済」のところでも言及するように何をもって「公平」とするかの基準は一義的でなく、同様に「効率性」概念も再吟味が必要になっている。これらについては「持続可能性」という視点との関係を含め後ほどあらためて吟味したい。

†「システムの根幹にさかのぼった社会化」の意味

では「システムのもっとも根幹（ないし上流）にさかのぼった社会化」の具体的な内容は何

か。これには多様な中身が含まれ、それはこれからの福祉国家ないし社会保障のあり方というテーマとも呼応するものだが、ここではその大きな柱として以下の三つを指摘したい。

① 事後から事前へ……人生前半の社会保障
② フローからストックへ……ストックに関する社会保障（ないしストックの社会化）
③ 「コミュニティ」そのものにさかのぼった対応と政策統合

まず①について。先ほども確認したとおり、現在ではもっとも失業率が高いのが若者層であることにも示されるように、かつては退職期ないし高齢期に集中していた「生活上のリスク」が人生の前半に広く及ぶようになっている。こうした中で「人生前半の社会保障」という課題が大きく浮上しており、私たちは社会保障についての根本的な発想の転換を求められている。

加えて「人生前半の社会保障」が重要になっているもう一つの大きな背景は次の点である。それは、現在の日本では（後でもふれるように）資産面を含む経済格差が徐々に大きくなり、その結果、各人が人生の初めにおいて〝共通のスタートライン〟に立てるという状況が大きく揺らいでいるという点だ。

ある意味で逆説的なことだが、そうした「個人のチャンスの保障」ということは、単なる自由放任によって実現されるのではなく、そこには一定の制度的介入が必要になってくる。たとえば（バブル期以降下げられてきた）相続税を現在よりも強化し、その税収を「人生前半の社会保障」に当てるといった政策対応により、親から子へのバトンタッチにおいて一定の社会的な再分配を行い、個人の機会の平等を保障する必要があるのだ。

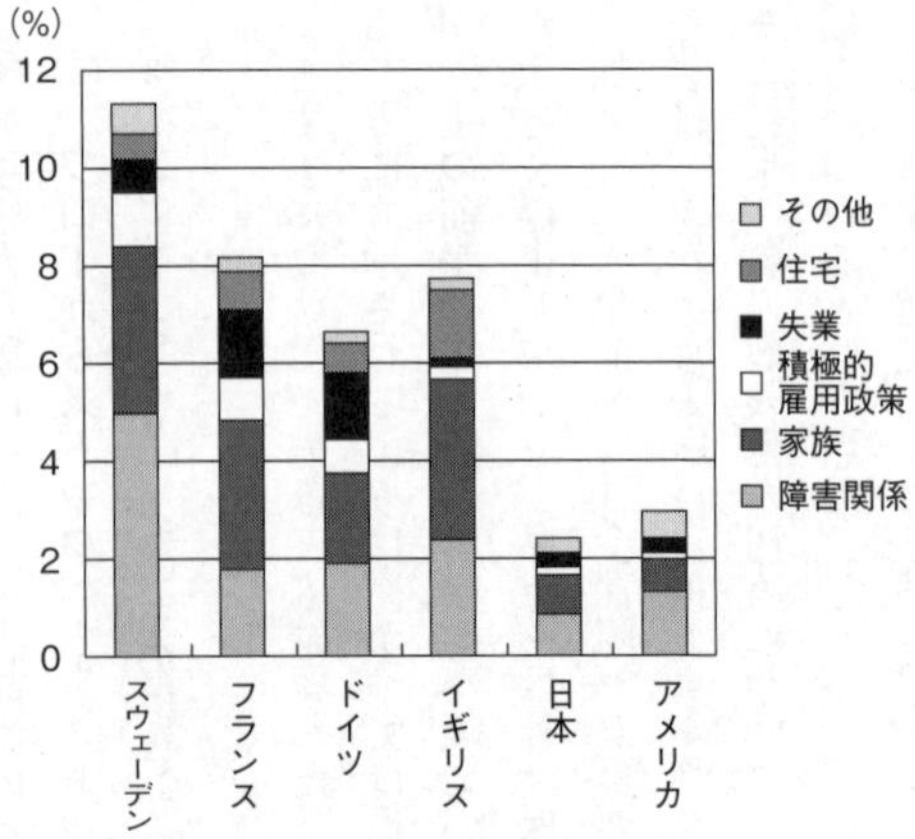

図1-3　人生前半の社会保障の国際比較（対GDP比、2007年）
（出所）OECD, Social Expenditure Database. より作成

　図1-3はそうした「人生前半の社会保障」を国際比較したものだが、日本の低さが目立っている。日本の社会保障給付費（対GDP比）はもともと先進主要国の中でアメリカと並んでもっとも低いが、高齢者関係の比重が大きいこともあり、高齢者以外の社会保障で見ると一層その「低さ」が顕著になるのである。私はこうした文脈で、「若者基礎年金」等の政策を提案してきた（広井［二〇〇六］）。

　なお「人生前半の社会保障」という時、ある意味で（狭義の）社会保障と同等かそれ以上に重要な意味をもつのが「教育」である。この場合、教育への公的支出の国際比較（対GDP比）では、デンマーク（七・八%）、アイスランド（七・四%）、スウェーデン（六・七%）などが上位を占める一方、日本は三・四%で、データのあるOECD加盟国二八ヵ国中で最下位の水準となっている（二〇〇七年度。OECD, *Education at a Glance 2010* より）。あらためて言うまでもないことだが、現代の社会において、個人の生活保障ないし失業・貧困に陥るリスク等にもっとも大きい影響をもつのはその人の受けた教育であるだろう。こうした意味で教育は「人生前半の社会保障」のもっとも重要な要素をなす。

日本における公的教育支出が先進諸国中で最低水準であることにふれたが、特に不足しているのは就学前と高等教育期である。就学前教育については、教育費に占める公的負担の割合はOECD平均が七九・七%であるのに対し日本のそれは四三・八%と非常に低い。一方、高等教育期について見ても、教育費に占める公的負担の割合は、OECD平均が六九・一%であるのに対し日本のそれは三二・五%とさらに低い（データ同上）。

以上のような点を含めて、「人生前半の社会保障」の強化が重要であり、こうした保障の強化は、各個人の潜在能力の発揮や自己実現の機会を広げ、経済という点からもプラスの効果をもつことにも注目したい。

†「ストックに関する社会保障」の重要性

次に、「もっとも上流にさかのぼった社会化」の②として挙げた「ストックに関する社会保障」という新たな課題についてはどうか。

様々な「格差」をめぐる問題が活発に議論されているが、概して議論の中心になっているのは所得、つまり「フロー」面での格差問題である。しかしながら、実はそうした格差がより大きいのは資産あるいは「ストック」面においての格差なのである。実際、格差の度合いを示すいわゆるジニ係数を見ると、年間収入（二人以上の一般世帯）のジニ係数が〇・三〇八であるのに対し、貯蓄におけるそれは〇・五五六、住宅・宅地資産額におけるそれは〇・五七三となっており（全国消費実態調査［二〇〇四年］）、所得よりむしろ土地等の資産格差がずっと大きいことが示されている。

こうした点からも、社会保障については、これまでほぼもっぱら現金給付（年金など）やサービスなどの「フロー」について考えられてきたが、今後は住宅、土地、資産など「ストックに関する社会保障」が重要になる。具体的には、住宅保障の強化や土地所有のあり方（「公有地」ないしコモンズの強化や公有地の積極的活用）、そして土地課税のあり方（土地課税の強化とそれによるストックの再分配や社会保障への充当）が新たな課題になると考えられる（この点は本章の中で後述）。

住宅保障について簡潔に述べると、戦後日本の住宅政策は、(a)公営住宅（賃貸）、(b)公団住宅、(c)住宅金融公庫融資を三本柱にして展開してきた。しかしながら農村における共同所有や大地主制が、戦後は土地・住宅の細分化された私的所有（持ち家政策）に向かったこともあって、オランダなど戦後ヨーロッパが福祉国家政策とパラレルに展開していったいわゆる〝ソーシャル・ハウジング（社会住宅）〟ないし住宅の社会化という政策は進まなかった。

この結果、上記(a)〜(c)自体も不足の多いものであったことに加え、近年の民営化の流れの中で、以上すら縮減・廃棄される基調が実施されてきたのがここしばらくの経緯である。

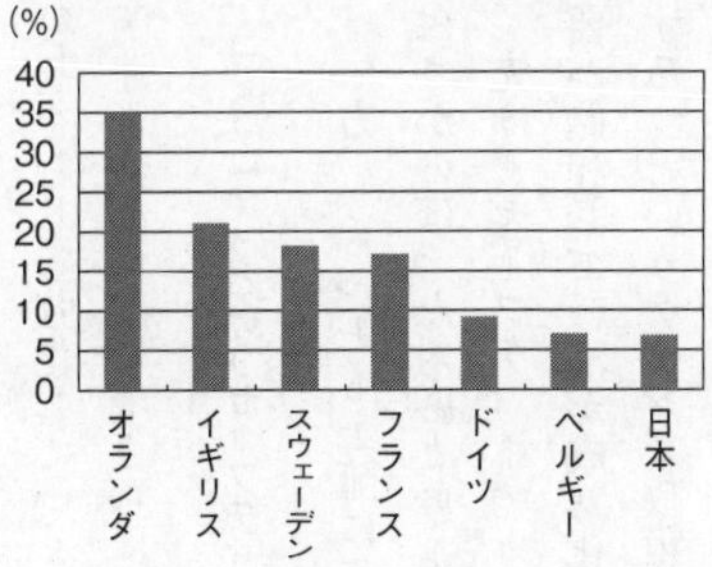

図 1-4　社会住宅の割合の国際比較

（注）数字（%）は社会住宅の全住宅戸数に占める割合。海外については堀田祐三子「ヨーロッパの社会住宅制度と日本の可能性」、日本住宅会議編（2007）所載。年次はドイツ以外は 2002 年、ドイツは 1990 年。社会住宅の供給主体は公的機関、非営利法人であるがドイツについては民間企業・個人を含む。日本については総務省統計局「住宅・土地統計調査」2003 年（「公営・公団・公社の借家」［公営 4.7%、公団・公社 2.0%］）。

図1-4は社会住宅ないし公的住宅の全住宅戸数に占める割合の国際比較であるが、今後は「住宅の保障機能」の高まりという課題を正面から位置づけ、ここで論じている「スト

ックに関する社会保障」の重要性という新たな視点を踏まえた上で、公営住宅・公的住宅等の役割をむしろ強化していく必要がある。こうした課題については、まちづくりや都市政策との関連も含めて次章でさらに掘り下げていきたい。

†コミュニティというセーフティネット

一方、「もっとも上流にさかのぼった社会化」の③として挙げた「コミュニティ」そのものにさかのぼった対応という点は、若干異質の、ひと回り広い射程をもったテーマである。

先ほどセーフティネットという点にそくして論じた議論をあらためて確認すると、人々の需要が飽和して経済が成熟化・飽和している現在、「政府の政策により需要を喚起し成長を実現する」というケインズ政策的な対応も機能しないという状況になっており、さらに根本的な新たなセーフティネットが求められている。それはもっとも〝予防的〟ないし〝事前的〟な対応であり、ここまで述べてきたように、公的な制度としては「人生前半の社会保障」や「ストックに関する社会保障」の強化ということになるが、同時に、それは従来の市場経済そのものの枠を超えた性格を含むものになる。ここで浮上するのが他でもなくコミュニティというテーマである。

すなわち、セーフティネットという概念も、先にセーフティネットの歴史的進化のところで述べたような「市場経済を前提とした上で、そこから落伍した者への事後的な救済策（＝主に現金給付を中心とする所得再分配的施策）」という対応のみならず、いわばその人を初めから「コミュニティそのものにつないでいく」ような対応、ひいてはコミュニティそれ自体の再構築が本質的な重要性をもつことになる。言うならば、本来はコミュニティそのものが一次的なセーフティネットであるべきはずのものなのである。

この場合の「コミュニティそのものにつないでいく」とは、様々なケア（種々の心理社会的サポートやカウンセリング、職業訓練などを含む）や、次章で論じていくようなコミュニティ再生に向けた多様な試みが含まれるとともに、いわば「コミュニティ経済」とも呼べるような、〝生業〟的な仕事につないでいくこと（商店街や農業などを含む）、あるいは近年大きく生成しているソーシャル・ビジネスやコミュニティ・ビジネスへの支援などが重要な要素として含まれるだろう。

さらに、それは狭い意味での社会保障分野に完結するものではなく、産業政策、都市政策（住宅、まちづくり、土地政策を含む）、環境政策などとの「政策統合」ということを強く必要とするものとなる（図1-5参照）。このうちたとえば「福祉政策と都市政策の統合」に関して言えば、公的住宅や老人ホーム、ケア付き住宅などの福祉関連施設を街の中心部に誘導・整備することで、福祉の充実と同時に中心市街地の活性化、コミュニティ空間の醸成、地域再生等を

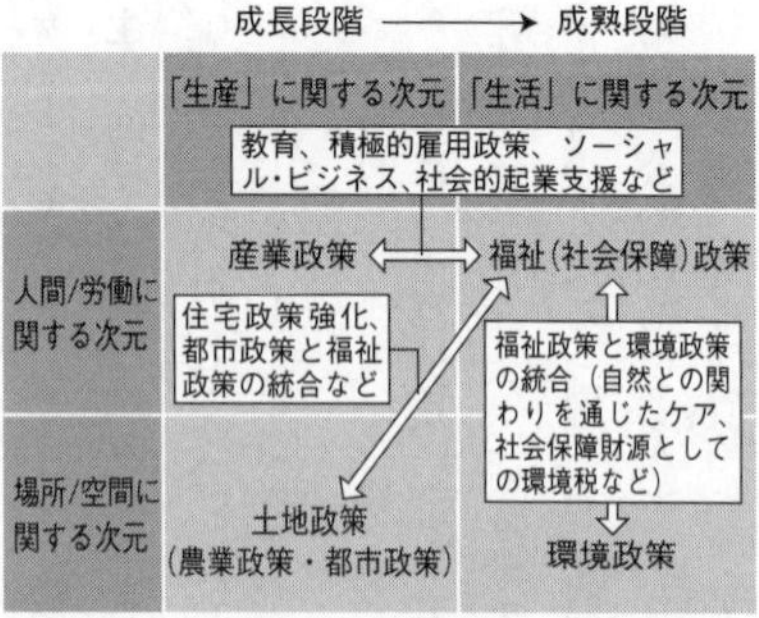

図 1-5　分野横断的な政策統合の重要性

実現するといった視点や政策が重要になるだろう。こうしたテーマについては第2章でくわしく論じたい。

話題をさらに広げることになるが、環境政策との統合の一例として、「環境福祉税」とも呼ぶべき政策が考えられる。具体的には、環境税（ガソリン税の再編を含む）を導入するとともにその税収の一部を介護にあて、環境負荷の抑制と介護サービスの充実を統合的に実現するような政策である。これにより、介護労働の価値が市場においては十分に評価されにくいのを公的な価格設定で是正しその適正な評価を図る。

後にあらためて論じるように、ドイツ、オランダ、デンマークなどは環境税の税収を社会保障に充てており——そのもっとも根本的なねらいは本章の後で述べる「労働生産性から環境効率性へのシフト」の促進という点にある——、ドイツの場合は年金に充当しているが、介護に充てるという例はまだ存在しない。このような政策を実現すれば、それは高齢化のフロントランナーでありかつ人口減少社会にもっとも早く移行した日本が、世界に発信し誇れるような政策展開になると思われる。

†社会保障財源について――経済システムの進化と〝富の源泉〟

いま「社会保障財源としての環境税」という点を述べたが、「人生前半の社会保障」に限らず、先述のように日本の社会保障給付の規模は先進主要国の中でアメリカと並んで低く、その強化が必要である。したがってそのための財源――誰がどのようにしてそのお金を支払うか――が大きな課題となるが、こうしたテーマを考えるにあたっては、これまでよりもひと回り大きな、次のような視点が重要と思われる。

そもそも「税」とは一体何だろうか。それは何らかの意味での「富の再分配」の装置であるとともに、その時代における主要な〝富の源泉〟に対してかけられるものと言えるだろう。この場合、工業化（産業化）が本格化する以前の農業中心の時代においては、〝富の源泉〟は圧倒的に「土地」であり、実際、日本においても、明治期を通じて税収の最大部分は「地租」すなわち土地課税だった（明治一〇年度で税収全体の実に八二％）。

やがて工業化社会となり、企業等による生産活動が〝富の源泉〟になると、所得税そして法人税が税収の中心を占めるようになる（産業化社会・前期。日本でも大正期半ばに所得税が地租に代わって税収の一位となった）。さらに時代が進むと、モノ不足の時代が終わり、消費社会つまり生産（供給）よりも消費（需要）が経済を駆動ないし規定する主要因となり、消費税が表舞台に出てくる（産業化社会・後期）。一九六七年当時において一般消費税を本格的な形で導入していたのはフランスとフィンランドのみだったが（OECD［1993］）、六八年にはドイツ、六九年にはスウェーデン、七三年にはイギリス、イタリア等が導入に踏み切り、順次税率の引上げを行っていった。

しかしさらに時代が展開すると、本章で論じてきたように、経済が成熟・飽和していく中で「ストック」の重要性が再び大きくなっていくとともに、環境・資源制約やその有限性が顕在化し、環境ないし自然という究極の〝富の源泉〟が認識されるようになる。ここにおいて、ストック（資産）に関する課税（相続税など）や、先ほども取り上げた環境税（ないし自然ストックとして重要な土地課税）が新たな文脈で重要になり、かつその「分配（再分配）」のあり方が大きなテーマとなる。

ちなみにエコロジー的な流れに属するイギリスの経済学者ロバートソンは、「共有資源（common resources）への課税」という考えの下、土地やエネルギー等への課税の重要性を論じている。彼は「人間が加えた価値」よりも「人間が引き出した価値」に対して課税するという議論を行っているが、そこにあるのは、〝富の源泉〟は人間の労働や活動よりもまず第一に自然そのものであるという、根本的な認識のシフトであろう（ロバートソン［一九九九］、Fitzpatrick and Cahill［2002］）。自然資源は本来人類の共有の財産であるから、それを使って利

前産業化社会	土地	→地租など
	↓	
産業化社会・前期	労働（～所得）	→所得税・法人税
	↓	
同・後期（消費社会）	消費	→消費税
	↓	
ポスト産業化 ～定常型社会	資産、相続（ストック） 自然資源消費・環境負荷	→相続税等 →環境税（ないし土地課税）

図1-6　経済社会システムの進化と“富の源泉”および税制

益を得ている者は、いわばその〝使用料〟を払うべきといった理解である。

先ほど指摘したように、環境税を導入しているヨーロッパの国々の多くが、環境税の税収を社会保障に使い、その分、社会保険料を引き下げているのは、「労働への課税から資源消費への課税シフト」という考えから来ており、そうした考えのもっとも基本となる視座として、こうした認識枠組みが存在しているのである。

以上の概要をまとめたのが図1-6であるが、こうした把握は、実は本章の中で先に述べた「資本主義の進化」に関する視点——資本主義というシステムが、市場経済に関する修正をシステムの周辺部分から根幹部分に向けて順次行ってきたという議論——とそのまま呼応している。また以上のような認識を踏まえて、私は今後の社会保障財源として特に重要なのは、①消費税、②相続税、③環境税（ないし土地課税）の三者であると考える（広井［二〇〇一］）。

†「創造性」の再定義――定常型社会と創造性

本題に戻ろう。本章で論じているような新たな社会の構想においては、いくつかの基本コンセプトの根底的な見直しないし再定義が必要になると思われる。私見では、特に重要となるのが「創造性」と「生産性（ないし効率性）」という概念の再定義である。

まず「創造性」について。アメリカの都市経済学者リチャード・フロリダは著書『クリエイティブ資本論』の中で、これからの資本主義社会においては、文化や科学技術、教育、アート等に関する〝クリエイティブ産業〟が中心的かつ駆動的なポジションを占めるようになるという議論を展開しているが、同時にそれに関して以下のような興味深い指摘を行っている。それは、そうした時代ないし社会においては、①労働における「非貨幣的な動機づけ」が重要になっていくとともに、②「コミュニティ」や「場所」の価値が再発見されていくという点である（フロリダ［二〇〇八］）。

フロリダの議論には様々な賛否の議論があるが、私はそれをある種の「資本主義の〝反転〟論」として理解してみたい。つまり、資本主義（ないし市場経済）が発展したその極において、いま確認した「労働の非貨幣的な動機づけ」や「コミュニティ」といった、本来資本主義が内包しないような要因や価値に出会うという構造変化だ。

しかしフロリダの議論に欠落しているのは、平等あるいは再分配に関する議論である。以上のような社会の姿、すなわち人々が〝賃労働を超えた性格の労働〟、あるいは「市場経済を超える領域」における自己実現を果たしていけるためには、所得等における一定以上の平等ということが前提条件となるのではないか。

ヨーロッパの一部の国々は、ある意味でそうした姿に向けた対応をすでに開始しているように見える。象徴的な事例は北欧のフィンランドで、そこでは興味深いことに「すべての市民に対する社会保障、無料の学校教育等によってもたらされる市民のしあわせと社会の安定は特許のないイノベーション」（強調引用者）であり、「福祉社会と競争力は互いにパートナー」という理念の下での様々な政策展開やシステムづくりが行われている（イルッカ・タイパレ編著［二〇〇八］）。

ちなみに驚くべきことに同国の場合、（多くのヨーロッパ諸国と同様）大学の学費が無料であることはもちろん、大学生に対して月額最大八一一ユーロ（日本円で約九万円相当）の「勉学手当」を支給しており（内訳は住居補助二五二ユーロ、勉学補助二五九ユーロ、奨学金ローン三〇〇ユーロで、最高五五ヵ月）、GDPの約二％に相当する大きな規模のものである。これは先ほど言及した「若者基礎年金」に比較的近い性格をもった政策と言える。

ポイントは、二〇代などにおいて〝仕事・社会と大学等での学びの往復〟が可能な社会づくりであり、これは本章の初めで述べた若者の高失業率への対応になると同時に、(高齢期が大幅に伸びているのとパラレルに)「子ども」の時期が大きく延長しているという現代社会のライフサイクルの特徴――私が「後期子ども」期と呼んできたもの――に呼応するもので、結果的に社会全体の創造性にも寄与するものと考えられる。

「創造性」というと経済競争力や技術革新といったことと連動して考えられることが多いが、発想を根本から変えてみると、これまでのような「成長・拡大」の時代とは、実は市場化・産業化(工業化)・金融化といった「一つの大きなベクトル」に人々が拘束・支配され、その枠組みの中で物を考え行動することを余儀なくされていた時代と言えるのではないだろうか。だとすると、私たちがこれから迎えつつある市場経済の定常化の時代とは、そうした「一つの大きなベクトル」や〝義務としての経済成長〟から人々が解放され、真の意味での各人の「創造性」が発揮され開花していく社会としてとらえられるのではないだろうか。

†「生産性」の再定義――環境・福祉・経済の相乗効果

「創造性」というコンセプトの再定義について述べたが、これからの社会構想において、もう一つ中心的な意味をもつと思われるのが「生産性(ないし効率性)」という概念の根本的な見直しである。ここで議論は、本章の冒頭で提起した〝生産性が上がりすぎた社会〟というテーマに回帰することになる。

思えばこれまで生産性とは「労働生産性」、つまり〝少ない労働力で多くの生産を上げる〟ことと考えられてきた。しかし現在の先進諸国では、本章で論じてきたように構造的な生産過剰と慢性的なヒト余り（＝失業）が生じている。こうした時代には、むしろ「人」を多く活用し、逆に自然資源を節約することが重要となり、したがって生産性の概念を「労働生産性」から「環境効率性（ないし資源生産性）」（＝人はむしろ積極的に活用しつつ、できる限り少ない自然資源や環境負荷で生産を行うこと）へ転換することが本質的な課題となる。

そうなると、これまで〝生産性が低い〟典型とされてきた介護や福祉、教育などの分野（＝「ケア」関連分野）に全く新しい意義が生まれることになる。ケアという「労働集約的」な分野に資源配分をしていくことこそが、（以上のような新たな生産性の概念あるいは失業率の低下といった意味で）「経済」にとってもプラスになるのである。これは、環境効率性ないし資源生産性というものをさらに超えて、いわば「ケア充足性」とも呼ぶべき新たな概念を要請するものと言えるかもしれない。

以上のような論点を含め、「福祉と環境と経済」あるいは「平等と持続可能性と効率性」の新たな相乗効果ということが生成しているのが現在の状況である（表1-1参照）。これは本章で述べてきた、社会システムのレベルでの資本主義・社会主義・エコロジーの融合というテー

表1-1 「環境―福祉―経済」の関係

	機能	課題ないし目的
環境	「富の総量（規模）」に関わる	持続可能性
福祉	「富の分配」に関わる	公平性（ないし公正、平等）
経済	「富の生産」に関わる	効率性

（注）なお「福祉」という言葉ないし概念には、文脈によって広義のものから狭義のものまで多様な意味ないし用法がある。第一（最広義）には「幸福、安寧」という意味があり、第二（広義）は平等ないし分配の公正という意味で、制度的には「社会保障（ないし福祉国家）」と重なる。第三（狭義）は「社会サービス」ないし「ケア」に近い意味である（「社会福祉」という場合の「福祉」など）。表に示しているのは主に第二の意味の「福祉」である。

マと呼応する。

たとえば、福祉ないし社会保障政策において、先に指摘した「人生前半の社会保障」を強化していくことは、「機会の平等」やそれによって可能となる各個人の潜在能力の発揮を通じて「経済」にもプラスに働くだろう。また、福祉や教育など「人」が中心的な重要性をもつ労働集約的な分野に資源配分を誘導していくことが、失業率の是正につながるとともに「環境効率性（ないし資源生産性）」という意味で経済にも資することは上記のとおりである。

一方、事後的な再分配のみならず最初からその人を「コミュニティそのものにつないでいく」という対応が今後の福祉国家においては重要となるという点を論じたが、これに関連して、福祉における「公平性（ないし公正、平等）」の概念自体をそのようにコミュニティとの関わりでとらえるとすれば、コミュニティは他方で「持続可能性」ということと不可分の関係にあるので、それは環境政策とも補完的となり、また（先ほどの効率性概念を環境効率性として把握するという論点を通じ）経済にもプラスの効果をもつことになるだろう。

これらは、コミュニティという概念を結節点として「福祉と環境と経済」あるいは「平等と持続可能性と効率性」が再定義され、それらが互いに相乗的な関係をもちうるということである。

また、経済学的な文脈にそくして言えば、八〇年代前後から新古典派的な経済学はその中に「情報」という概念を（自然科学に遅れる形で）取り入れることで、結果的に「市場の失敗」という概念の射程を拡大してきたが――たとえば情報の非対称性により保険市場において逆選択（＝市場の失敗の一つ）が生じるため、公的な社会保険制度が効率性の面から正当化されるといった議論――、本章での議論は、持続可能性という視点とともに「時間」の概念を取り入れることで、「市場の失敗」の内容をさらに拡張的にとらえるという意味をもっていると言えるかもしれない（この論点は第2章2での「不等価交換」に関する議論で再び論及したい）。その結果、「福祉と環境と経済」あるいは「平等と持続可能性と効率性」の相乗的関係が浮かび上がるのである。

さらに「経済」自体の概念や意味そのものについても、今後はひと回り大きな視野でとらえなおしていく必要があり、これは昨今活発な「GDPに代わる新たな経済指標」をめぐる議論とつながる。すなわち、次章でもふれる「幸福」のような主観的指標や、そこまで一足飛びにいかずとも、七〇年代から唱えられているような「ＩＳＥＷ（Index of Sustainable Economic Welfare：持続可能な経済厚生指標）」など、分配や社会、環境に関する客観的な諸次元を含んだ指標などの新たな検討である（最近の代表例としてStiglitz他［2010］）。

もちろん、単純に「環境と福祉と経済（ないし持続可能性と公平性と効率性）」がすべて予定調和的に重なるわけではなく、三者の間に今後も一定以上の緊張関係ないしトレード・オフの関係が存在することは事実である。しかしながら、経済のパイの限りない拡大という条件が変容し、またそれとも連動して〝効用ないし利潤最大化のみを追求する個人〟という人間観に疑義が付され、人間にとってのコミュニティ的な関係性等の重要さが認識され、かつ持続可能性ひいては「時間」概念の重要性が浮かび上がる中で、これら基礎概念の根底的な問いなおしが必要になっていることは確かである。こうした話題については第3章でさらに掘り下げてみたい。

†人類史の中の定常型社会

以上、ここ数百年の資本主義の展開にそくして今後の展望を述べたが、本章の最後にもうひと回り視野を広げ、「経済の拡大・成長と定常化」という視点を軸に、人間の歴史の中で私たちがいま立っている位置について考えてみよう。

一つの手がかりとして、人類学や考古学の分野で、「心のビッグバン（意識のビッグバン）」あるいは「文化のビッグバン」などと呼ばれている興味深い現象がある。たとえば加工された装飾品、絵画や彫刻などの芸術作品のようなものが今から約五万年前の時期に一気に現れることを指したものである。現生人類ないしホモ・サピエンスが登場したのは近年の研究ではおよそ約二〇万年前頃とされているので、なぜそうした「タイムラグ」が存在するのか、どのような背景でそうした変化が生じたのかといった話題が「心のビッグバン」をめぐる議論の中心テーマとなる。そうした革命的変化の存在そのものを否定する意見もあり、明確な決着はついていない（内田［二〇〇七］、海部［二〇〇五］、クライン他［二〇〇四］、ミズン［一九九八］）。

人間の歴史を大きく俯瞰《ふかん》した時、もう一つ浮かび上がる精神的・文化的な面での大きな変化の時期がある。それはヤスパースが「枢軸時代」、科学史家の伊東俊太郎が「精神革命」と呼んだ、紀元前五世紀前後の時代であり、この時期ある意味で奇妙なことに、「普遍的な原理」を志向する思想が地球上の各地で〝同時多発的〟に生成した。インドでの仏教、ギリシャ哲学、中国での儒教や老荘思想、中東での旧約思想であり、それらは共通して、特定のコミュニティを超えた「人間」という観念を初めてもつと同時に、何らかの意味での〝欲望の内的な規制〟を説いた点に特徴をもつものだった。

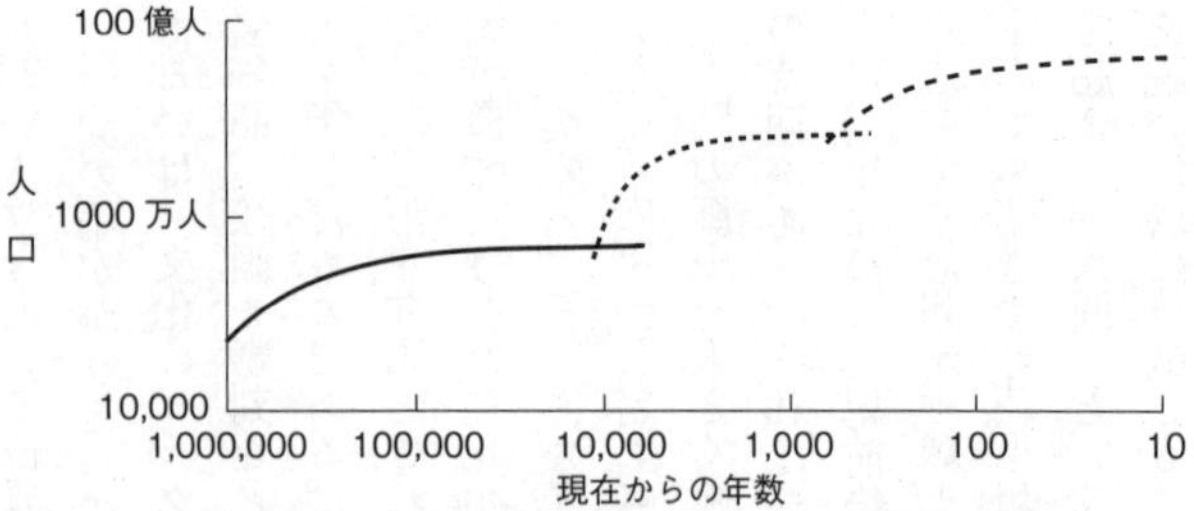

図 1-7　世界人口の超長期推移（ディーヴェイの仮説的図式）
（出所）Cohen［1995］

いま確認した「心のビッグバン」と「枢軸時代／精神革命」は、それぞれ全く異なる分野ないし文脈で論じられるテーマだが、その両者を一つの視座の中において見ると、次のような意味で現在にとって興味深い示唆をもっていることが浮かび上がってくる。

すなわち、人間の歴史を「拡大・成長」と「定常化」という視点でながめ返すと、そこに三つの大きなサイクルを見出すことができる。第一に人類誕生から狩猟・採集時代、第二に約一万年前の農耕の成立以降、第三に約二〇〇年前以降の産業化（工業化）時代の三つで、これは人口の増加・定常化のサイクルとも概ね重なる。

図1-7は、世界人口の長期推移について先駆的な研究を行ったアメリカの生態学者ディーヴェイの仮説的な図式を示したものである。ディーヴェイがこうした研究を発表した一九六〇年代以降、超長期の世界人口の推移については多くの研究がなされてきているが（マケヴディ&ジョーンズ、デュラ

ン、ビラバン、クレマー等。これらの集大成としてCohen［1995］）、これらはその定量的な推計内容において大きく異なるものではない。

そして、こうした種々の人口推計をベースに一人あたりGDPに関するラフな仮定を加えて、アメリカの経済学者のデロングが「世界GDPの超長期推移」を推計したのが図1-8である。これはごく大まかなもので実証的な性格のものではないが、上記の三つのサイクルがおぼろげながらも示唆されている。

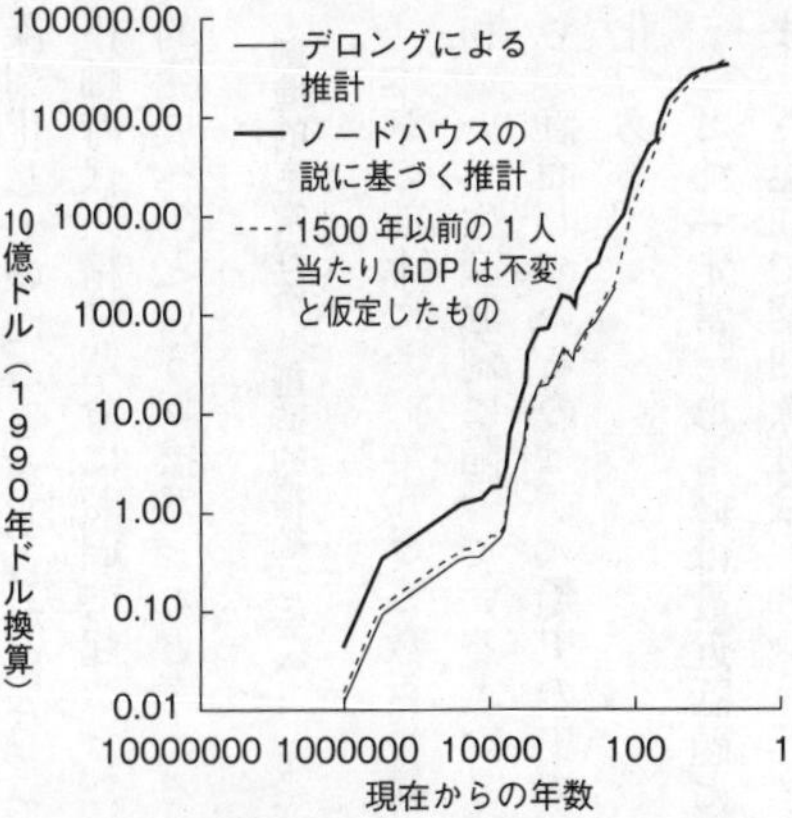

図1-8　超長期の世界GDP（実質）の推移
（出所）DeLong［1998］

第3章においてくわしく検討するが、議論を急げば、いま述べている「心のビッグバン」や「枢軸時代／精神革命」は、それぞれ狩猟・採集社会と農耕社会が、いずれも当初の拡大・成長の時代をへて、（環境・資源制約等に直面する中で）何らかの意味での最初の成熟・定常期に移行する際に生じたのではないか、というのがここでの私の仮説である。実際、たとえば最近の環境史の研究から、紀元前五世紀前後のギリシャや中国などにおいて森林破壊などの問題が深刻化していたことが明らかになってきている（石他［二〇〇一］等）。「心のビッグバン」と枢軸時代／精神革命において起こったのは、いわば〝物質的生産の量的拡大から、質的・文化的発展へ〟という転換だったと考えることが可能ではないだろうか。

†創造的定常経済／創造的福祉社会へ

本章の前半において、ここ数百年続いた資本主義システムあるいは産業化社会がある種の飽和ないし生産過剰に陥っているという議論を展開した。以上をあわせて考えると、現在の私たちが直面しているのは、人類史の中でのいわば〝第三の定常期〟への移行という大きな構造変化である。

ここで「定常」あるいは最近話題になっている「脱成長」という表現を使うと、〝変化の止まった退屈で窮屈な社会〟というイメージが伴うかもしれないが、それは誤りだ。ここで見た人間の歴史が示しているように、定常期とは、むしろ文化的創造の時代なのである。

先ほど、資本主義の進化にそくして「私たちがこれから迎えつつある市場経済の定常化の時代とは、『一つの大きなベクトル』や〝義務としての経済成長〟から人々が解放され、真の意味での各人の『創造性』が発揮され開花していく社会としてとらえられるのではないだろうか」という指摘を行ったが、いま述べている人類史全体の経験はこの点とも符合していることになる。

そしてこの場合の「創造性」とは、先ほどその再定義ということを述べたように、〝国際競争力〟といった狭い意味のものでは当然ない。むしろそれは、たとえばかつてレヴィ＝ストロースが指摘した「ブリコラージュ（日常の中での創意工夫）」、歴史家ホイジンガが「文化は遊びに始まる」と論じる場合の「遊び」、先に言及したフィンランドで重視される「考える力（＝一つの答えのない問題を考えることそれ自体のプロセスや面白さ）」等々といった創造性のコンセプトにつらなるものである。

あるいはそれは、〝おばちゃんの創造性〟とも呼ぶべき高齢者の知恵や世代間継承性等といった、人間の創造性についてのより広い理解に呼応するものだ。ちなみにこの点に関しては、私は「人間の三代モデル」ともいうべき視点が重要と考えている。人間という生き物は「子ども」の時期と「高齢期」が長いという点に大きな特徴があり、こうした直接の〝生産活動〟から自由な時期が長いことや、老人と子ども等の世代間継承性にこそ人間の「創造性」の源泉があるという認識である（広井［二〇〇〇］等参照）。

以上述べてきたような人類史の全体的把握について、その概要をひとまず図1-9に示した。これらについては第3章でさらにくわしく見ていきたい。

思えば、成長・拡大の時代には世界が一つの方向に向かう中で〝進んでいる―遅れている〟

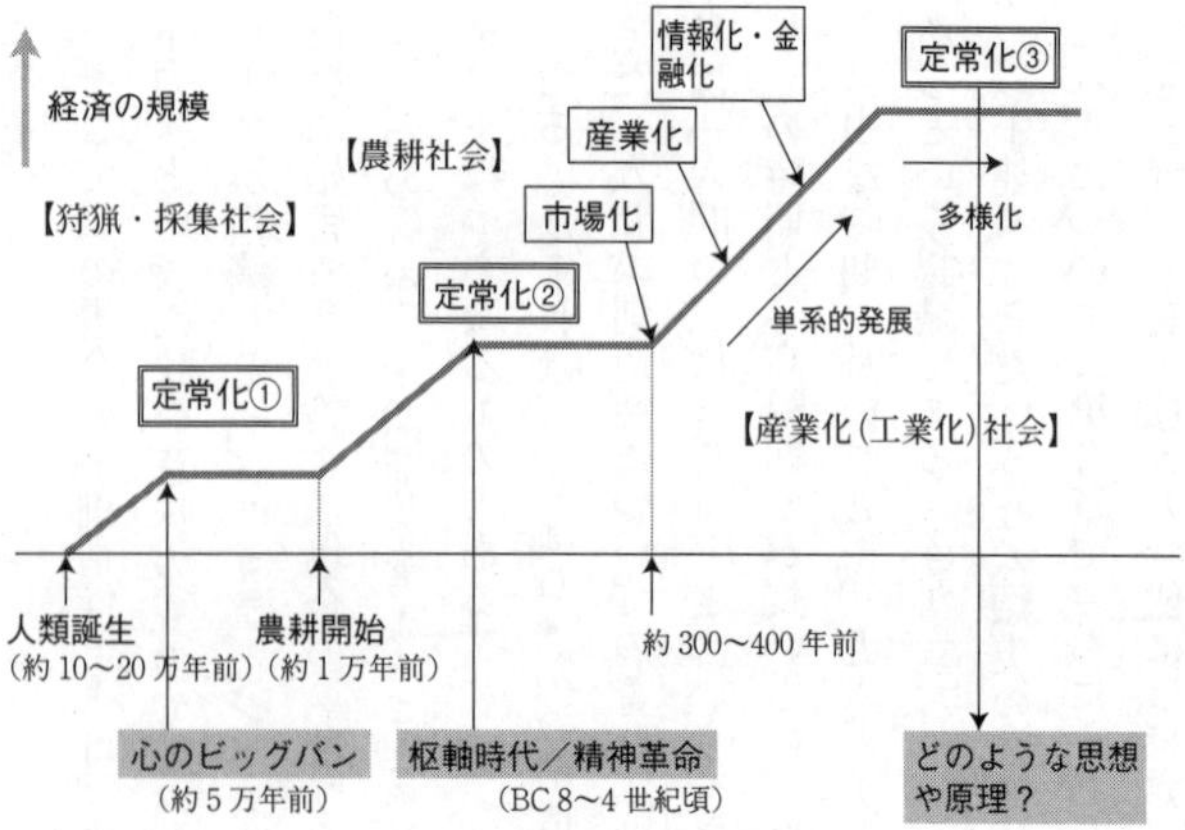

図1-9　人類史の中の定常型社会（Ⅰ）

といった「時間」の座標軸が優位だったが（たとえば〝先進国は進んでいる、都会は進んでいる〟等々）、定常期においては各地域の風土的・地理的多様性や固有の価値が再発見されていくだろう。あえて単純化して対比すれば、定常型社会とは「時間」に対して「空間」が、「歴史」に対して「地理」が優位となる社会である。こうした文脈において、ローカルな地域をどのようにしていくかというテーマが大きな課題として浮かび上がってくることになり、これが次章の主題となる。

理念と政策を含め、私たちはいま「創造的定常経済」ないし「創造的福祉社会」とも呼ぶべき社会像を構想していく時期に来ているのではないだろうか。

【第1章付論】国民皆保険システムの空洞化の是正──年金および医療について

社会保障をめぐる今後の方向として「人生前半の社会保障」「ストックに関する社会保障」について述べたが、既存の制度に関する問題点と改革に関して、年金と医療にそくして簡潔に記しておきたい。

前提として、本章での議論とも関連するが、今後の社会保障の基本的な方向は、「フローの再分配(現金給付による所得保障)はできる限り簡素化し、ただし『サービス』や『ケア』には十分な保障を行うと同時に、ストックの保障や再分配を現在以上に重視する社会システム」という方向が重要と考える(広井[二〇〇六]参照)。

①年金──基礎年金の強化とベーシック・インカムとの関係

以上を踏まえた上でまず年金についてだが、現在の日本の年金制度が根本的な矛盾を含んでいることはあらためて言うまでもない。二〇〇九年度の国民年金保険料の納付率は五九・九八%と、六割を切る水準にまで至っている。特に納付率の低いのが若年層で、二〇代では納付率は五割未満、つまり対象者の半分以上が保険料を納付していないことになる。背景には、雇用状況の悪化とともに、現在の年金制度に対する様々な不信があると考えられる。また、年金制度をめぐる世代間格差も大きな問題であり、現在の七〇歳代が払った保険料に対し約六・五倍の給付を受けるのに対し、二〇歳代などでは約二・三倍といった点（企業負担分の位置づけによっては以上の倍率はいずれも半分になる）も、十分議論される必要がある。

この場合、年金制度のあり方は単純な〝損得〟論で片付くものではない。むしろ、「公的年金というものが果たすべき役割は何か」という、制度の本質あるいは基本哲学にさかのぼった議論こそが求められている。

この点に関し、まず現象レベルにそくした言い方をするならば、「本当に必要な人に十分な年金が行っておらず、あまり必要がないような人にも給付がされている」のが端的な現状ではないか。国民年金ないし基礎年金は満額（四〇年加入）で約六万六〇〇〇円だが、現実にはたとえば女性の平均受給額は四万円代で、それより低い層も多く存在する。実際、日本では六五歳以上の女性の「貧困率」が約二割で、単身者では五二％に上るという事実が二〇〇九年内閣府の集計で示された。

他方で、厚生年金の二階部分は「報酬比例」の制度であるため、高所得者ほど高い年金を受けることになる（加えて、高所得層ほど平均寿命が長いとすれば、現在の年金制度は一部に〝逆進的〟な性格ももっていることになる。もちろん国民年金の保険料が所得にかかわらず〝定額〟という極端な逆進性をもつことも大きな問題である）。

そもそも年金というものが果たすべき役割は何か。これには大きく二つあり、「すべての高齢者に一定以上の生活を平等に保障する」という役割（所得再分配機能）と、貯蓄的な機能つまり「現役時代に払った保険料が退職後に戻ってくる」という役割である。私は公的年金が果たすべきもっとも重要な役割は前者であり、このためには基礎年金こそ現在よりも厚く強化し、かつそれは税によって賄われるべきものと考える（これにより保険料の未納問題も解決する）。

なお正確には、この場合の「厚めの基礎年金」は狭義の所得再分配ではなく（そうであれば生活保護と同じになる）、経済学での「価値財 merit goods」（一定の社会的な価値判断から財・サービスの提供を市場ではなく公的に行うもので、公教育が典型例）と考えるべきだろう（ちなみに価値財という概念には「公（公平性）」「私（効率性）」に還元できないコミュニティ的な価値が含まれていると思われる）。

逆に、先ほどふれた報酬比例部分つまり高所得者ほど高い年金を受けるという制度を、はたして国が行う必然性があるだろうか。私はこの部分は現在より大きくスリム化していくべきであり、それが先述の世代間格差の是正にもつながると考える。

以上のような再編を行うと、結果的に年金は〝高齢者向けベーシック・インカム〟としての性格が強まることになる。なお私は一律のベーシック・インカムには懐疑的であり、それはライフサイクルを座標軸として設計されるべきで、「子ども――大人――高齢者」のうち、子どもおよび若者については子ども手当（児童手当）と若者基礎年金、高齢者については上記のような現在より厚めの基礎年金を主体とし、大人（現役世代）についてはいわゆる負の所得税を基本とするという構造が妥当と考えている（広井［二〇〇六］参照）。

②医療――混合診療の抑制と医療費の「病院―診療所」配分是正

医療についてはどうか。近年の日本では、民間医療保険に関するTVコマーシャルや新聞広告などが本当に増え、はたしてこの国が本当に「皆保険」の国なのかが怪しくなってきている。

それには様々な側面があるが、まず大きいのは「保険外」の医療費負担の拡大である。日本の医療保険制度では、一連の診療において保険がきく医療と保険がきかない医療を混在してはいけないという「混合診療の禁止」と呼ばれるルールがあるが、その〝例外〟として従来から認められていたのがいわゆる「差額ベッド」と、高度先進医療制度という仕組みだった（後者は一九八四年に作られ二〇〇六年に評価療養という制度に再編）。

差額ベッド代の負担は、すでにかなりの程度で皆保険を侵食している。東京近辺ではこの料金が一日一万円前後であることは一般的である。また差額ベッドは以前は個室か二人部屋しか認められなかったが、九四年からは四人部屋でも認められるようになった。厚生労働省は差額ベッドに関する実態調査を毎年行っているが、二〇〇九年七月現在、差額ベッドは全病床の一八・六％となっている。

加えて次の点が重要だ。いわゆる医療費の「三割負担」(患者自己負担)については、高額療養費制度という月当たりの上限(原則八万一〇〇〇円)があるが、差額ベッド代は高額療養費制度の枠外であり、したがって医療費の上限が全く存在しないのである。これは高度医療に関する先述の評価療養も同様で、こうした「保険外」の世界がますます拡大し、国民皆保険が実質において空洞化するおそれが出ているのが現状である(なお日本の総医療費は低いと言われることがあるが、差額ベッド代などの保険外負担は総医療費として計上されていない)。小泉改革以降の混合診療の拡大をさらに進めればこうした事態は決定的となる。

私は公平性の面からも効率性の面からもこうした私費医療の拡大は非常に問題が大きいと考える(効率性については、本文でもふれたように医療という分野は「情報の非対称性」が大きいため市場に委ねるとかえって医療費が高騰したり保険市場での逆選択が生じたりして問題が起こるという点)。言い換えれば、医療保険制度の〝アメリカ化〟を進めることには強く反対する。同時に、そうした方向ではなく公的医療の充実を図るには、財源の問題とともに、診療所に対して病院に十分な医療費が回されていないという「医療費の配分」問題を避けて通れない(広井[一九九七])。皆保険の空洞化を止めるための議論が今こそ必要である。

【空間軸】グローバル化とローカル化はどのような関係にあるか

第2章 グローバル化の先のローカル化——地域からの〝離陸〟と〝着陸〟

1 コミュニティとしての都市——コミュニティ感覚と空間構造

†はじめに——地域再生を考える新たな視点

地域再生ということが現在大きな課題になっているが、「GAH」という言葉をご存じだろうか。これは東京都の荒川区が数年前から掲げている目標で、「グロス・アラカワ・ハピネス」、つまり「荒川区民の〝幸福〟の総量」という意味であり、これを増大させることを区政の目標にしようというわけである。同区では荒川区自治総合研究所という財団を設立し、子どもの貧困といったいくつかの具体的なテーマにも焦点をあてながら、「GAH」についての調査研究を進めている。

もちろんこれは、近年多くの人々の関心を集めるようになっている「GNH」をもじったものである。確認すると、「GNH（グロス・ナショナル・ハピネスつまり国民総幸福）」とはブータンが掲げている国の目標で、いわゆるGNP（国民総生産）ではなく、経済の規模に還元できない人々の「幸福」を実現させることを国の目標にするというものだ。先日（二〇一一年二月）、同国のケサン・チョゼン・ワンチュク王女が来日され、京都で「豊かさ」や幸福の意味、そしてその指標に関するシンポジウムが開かれ私も参加する機会を得たが、王女のお話は非常に印象深く、充実した時間を過ごすことができた。

一方、荒川区の試みはブータンの取り組みの単なる応用ではないと私は考える。思えばブータンの「GNH」も、国レベルで物事を考えているという点では実はGNPと同じである。つまり荒川区の独自性は、そうした豊かさや幸福の指標づくりといったことを、国レベルではなく地域あるいはローカルなレベルで考えていこうという点にあるだろう。

ちなみに先般、地域金融の担い手である全国信用金庫協会の研究会で話をする機会があったが、そこでもやはり、これからの地域再生や地域活性化を考えていくにあたり、そもそも地域の「豊かさ」を何で評価するか、あるいは地域再生という時の目標は何なのかということを根本から検討していくとのことで、新たな動きが始まりつつあると感じた。

単に経済の規模が拡大・成長すればよいという単純な発想だけでは立ちゆかないということ

は、人口の動向を考えてもそうである。周知のように、日本の総人口は二〇〇五年から減少に転じており、二〇五〇年には一億人を割ることが予測されている。これを都道府県別に見ると、すでに三八道府県で人口減少に入っているが、二〇一五〜二〇年には人口が増加しているのは東京と沖縄だけになり、二〇二五年以降はすべての都道府県が人口減少となる（国立社会保障・人口問題研究所推計）。

こうした大きなトレンドの中で、それでは「数十年後の日本において、一体どれだけの人がどこに住み、どのような暮らしを営むのか」という大きなビジョンをどう描けばよいのだろうか。そうした展望を国もまだ十分示しえていないが、私はひとつの手がかりとして「多極集中」ともいうべきコンセプトが導きの糸になるのではないかと考えている。

「多極集中」とは、実は大学のゼミで今後の地域や日本社会のあり方を議論している際に、学生のほうから提案された言葉である。それは「一極集中」と「多極分散」のいずれでもないありようを示す概念で、今後、地方を含めて人々が住む場所は「多極化」していくが、しかし単純に〝拡散〟するのではなく、それぞれの地域ごとの「極」となる都市や町村そのものは集約的ないし凝集的な空間構造——本章の後で述べるような〝コミュニティ醸成型の空間構造〟——にしていくというものだ。

たとえば道路を抑制ないし別用途に転換し、街の中心部に公的住宅や福祉施設等を誘導し、歩いて過ごせる街にしていくといった方策で、これには従来タテワリだった「都市政策」と「福祉政策」を融合していくなど新たな取り組みが必要になる。集約的な「歩いて楽しめる」街をつくっていくことは、後で見るように人々の「コミュニティ感覚」や「つながり」の意識の醸成という点からもプラスの意味をもつだろう。

幸い、大学で二〇代前後の学生に接していると、次節でも述べるように、若い世代の間で地域のまちづくりや愛郷心、「ローカル」なものへの関心が確実に高まっていることが様々な面で感じられる。それに関連して福祉・環境・文化などの領域の社会的起業やソーシャル・ビジネスへの動きも広がりつつある。地域の「幸福」という視点を含め、これまでよりひと回り大きな発想で地域や日本社会のあり方を考えていくことが重要になっている。

†ヨーロッパの事例から――「つながり・ゆっくり」のコミュニティ空間

こうしたテーマについて読者の方に具体的なイメージをもっていただくために、ヨーロッパや中国、そして日本に関する事例をいくつか紹介してみたい。

私は一九八〇年代末と二〇〇一年の計三年間アメリカで暮らしたが(東海岸のボストン)、アメリカの都市の味気なさと荒廃には、その完全な「自動車中心」社会という点も含めて問題の多さを痛感した。街の中心部には「歩いて楽しめる」エリアが非常に少なく、貧富の差が大きいこともあって、中心部やその近辺では窓ガラスが割れたまま放置されたりゴミが散乱しているような場所があちこちに存在している。また治安の悪さもあって、日が暮れた後の街の中心部は半ばゴーストタウンのようになり、人影もまばらになる。

買い物は自動車で郊外のショッピングモールに行くという手段がなければ街中では非常に不便で、〝買い物難民〟の先駆とも言える経験をしたが、戦後の日本はアメリカの街をひとつのモデルに道路や都市をつくってきたので、そうした状況が日本でも現実になってきている。二〇一〇年五月に経済産業省の研究会が出した報告書では、そうした買い物難民ないし買い物弱者が日本全体で六〇〇万人程度にのぼるという推計が示された。

一方、明らかにアメリカと全く異なる街や地域をつくっているのがヨーロッパで、そこでは中心部に「歩いて楽しめる」エリアが広がり、魅力ある都市や地域を形づくっている。

私の印象では、中心部からの自動車排除という方向について言えば、ドイツやオランダ、北欧などヨーロッパの北部において特に明瞭で、意識的に政策が進められている帰結と考えられる。同時に、そこは高齢者などもゆっくり過ごせる空間で、カフェや市場で高齢者なども自然にくつろいで過ごしている姿が印象的である（ヨーロッパの写真①②参照）。

街がそうした空間であることは、高齢者の主な行き場所が病院の待合室となりがちな日本に比べ、それ自体が「福祉的」であり、福祉・医療施設などをつくるよりも場合によっては重要

写真①　高齢者もゆっくり歩いて過ごせる街（ミュンヘン）

写真②　中心部からの自動車排除と「歩いて楽しめる街」（フランクフルト）

な意味があるように思えてくる。

写真③④は、ドイツの都市の中心市街地で「座れる場所」が多くあり、人々がそこでくつろいだり、談笑したりしている様子を示したものである。ある意味で単純なことだが、街の中に「座れる場所」が多くあるということは、言い換えれば街が単なる〝通過するだけの空間〟ではなく、そこで何をするともなくゆっくり過ごせるような場所であることを意味している。街あるいは都市が、そうしたいわば「コミュニティ空間」として存在することが大切と思われる。以前、日本を訪れた外国人に対するアンケート調査で、日本に来ていちばん不便を感じたことは何かという質問に対してもっとも多かった回答が、「街の中に座れる場所が少ないこと」だったという報道に接し、半ば意外に思うとともになるほどと思ったことがある。また、商店街再生でよく知られる香川県高松市の丸亀町の商店街の方が、〝商店街に行くのをためらう理由〟をアンケート調査したら、「座ったりひと休みする場所がない」が「トイレがない」とともに最上位だったという記事を読んだことがあるが、これも同様の話だろう。

ヨーロッパの街を魅力的にしている別の要素が野菜などを売る「市場」の存在だが（写真⑤⑥）、ヨーロッパでも日本と同様高齢化が進んでいるので、たとえば⑥の写真（ドイツのシュトゥットガルトの中心市街地）にあるように、〝高齢者が高齢者に品物を売っている〟という光景が普通に見られ、この写真の市場などは一瞬〝ここは高齢者専用の市場か〟と思うほどだった。

写真③　歩行者空間と「座れる場所」の存在（フランクフルト）

写真④　歩行者空間と「座れる場所」の存在（シュトゥットガルト）

写真⑤　市場の存在（ストックホルム）

写真⑥　高齢者もゆっくり楽しめる市場や都市空間（シュトゥットガルト）

私はこれまで「老人と子ども統合ケア」あるいは世代間交流というテーマに関して若干の調査研究を行ってきたので、理想的には子どもから高齢者までの様々な世代ができるだけバランスよく存在しているというのが望ましいと考えているが、それでもこのような形で街の中に高齢者が気軽に出かけて時間を過ごせる場所があるということは、単に〝介護予防〟といったレベルにとどまらず多くの面でプラスの意味があると思われる。

†「コミュニティ感覚」と空間構造

実はここでもう一つ重要なポイントがあり、それは都市における「住宅」の配置である。都市の中心部に中層（五階前後）の集合住宅が潤沢かつ整然と存在するのがヨーロッパの街であるが、それは中世以来の伝統という側面のみにとどまるのではなく、後でも整理するように、第二次大戦以降を含む、計画的な公的住宅（社会住宅 social housing）の整備という、政策的な背景をもっている（写真⑦）。

個別の例を挙げると、たとえば最近、ヘルシンキは中心部のバスターミナルを地下化し、その上を公的住宅にするとともにカフェなどが配置された空間にした（写真⑧）。これにより、街の中心部の便利な場所に高齢者や子育て世帯、若者などが住むことができ、〝住む場所の確保〟という生活保障の面はもちろん、生活の質や「コミュニティ空間」としての性格を高める

写真⑦　一定の質以上の公的住宅（ストックホルム）

写真⑧　中心部の再開発と住宅
：バスターミナルの地下化と地上部の住宅化（ヘルシンキ）

ことができる。私は二〇〇一年の冬にヘルシンキに二ヵ月滞在したが、この場所は当時はだだっ広く無味乾燥なバスの発着場所だったので、二〇〇九年夏に再訪した時その変化を目の当たりにして驚いた。

以上に関して、必ずしも十分に認識されていないと思われる点として、ヨーロッパの場合、国による一定の相違があるものの、都市における「公有地」の割合が日本よりもずっと大きく(たとえばヘルシンキ市の場合、市内の土地の六五％が市の公有地で、国有も合わせると七五％に及ぶ)、社会保障の大きさと並んで、政府あるいは公的部門の役割が相当程度大きいという点がある。

逆に私有地の割合が大きいのが日本やアメリカで、戦後の日本はアメリカの世界観の影響が大きかったので、「土地公有」などというとイコール社会主義といった見方が強いのだが、それは非常に一面的な理解である。いずれにしても、後でもふれるように、土地所有のあり方や公有地の積極的有効活用という点は今後の都市政策・福祉政策において重要な課題である。

ここで、以上のようなヨーロッパの事例から示唆される点として、〝「コミュニティ感覚」と空間構造〟という視点の重要性を挙げたい。

「コミュニティ感覚」とは、その都市や地域における、人々の(ゆるやかな)「つながり」の意識をいう。そして、そうした人々の「コミュニティ感覚」(ソフト面)と、都市や地域の空間構造（ハード面）は、相互に深い影響を及ぼしあっているのではないだろうか。単純な例を挙げると、道路で分断され、完全に自動車中心になっているような街では、人々の「つながり」の感覚は大きく阻害される。また先ほど住宅の配置の問題についてふれたが、職場と住宅があまりにも離れている場合にも、そうしたコミュニティ感覚は生まれにくくなるだろう。様々な年齢・職業の人々が自然に集まる空間としての商店街の空洞化といった現象も、コミュニティ感覚の希薄化につながると思われる。

後ほど日本の例も見ていくが、これまでの日本の都市政策では、そうした「コミュニティ感覚」といった視点はほとんど考慮されることがなかったのではないか。しかし今後は、いわば〝コミュニティ醸成型の空間構造〟（あるいはその反対の〝コミュニティ破壊型の空間構造〟）という、ソフトとハードを融合した視点がまちづくりや都市政策において非常に重要になると思われる。

†中国の事例から——生産のコミュニティと生活のコミュニティ

さて、ある意味で日本により近い存在でありながら、必ずしもこれまで都市政策やコミュニティという観点から十分に論じられてこなかった中国の場合はどうか。

私は二〇一〇年の三月末から四月末までの一ヵ月間、国際交流基金の派遣事業で北京に滞在し（北京外国語大学キャンパスにある北京日本学研究センター）、大学院の学生を相手に講義を行う機会があった。中国には社会保障関連のJICAのプロジェクトなどを含めて一〇回以上行っていたが、一カ月以上の滞在は初めてで、短い期間ではあれ街での人々の様子やその生活を垣間見ることができ、「都市」ないし「都市型コミュニティ」のあり方について多くの新鮮な発見があった。

中国の都市は、社会主義そして土地の公有ということもあって都市計画規制は強く、街の景観は非常に整然とした印象を受ける。しかも一つひとつの土地区画が大きいので、人口が集中しているわりに空間がずいぶんすっきりしている（写真⑨）。

写真⑨　整然としたメインストリート
（北京。以下⑬まで）

写真⑩　路地裏の市場のにぎわい

しかし一方、ちょっと脇道あるいは路地に入ると、無数の市場などが存在するとともに、濃密なコミュニティ的感覚が立ち現れる（写真⑩）。特に印象的なのは公園の様子で、そこでは地域の高齢者が多く集まって、男女入り混じりながら三々五々マージャンや将棋をしていたり、音楽をかけて踊っていたりする（写真⑪）。これは文化の違いとでも表現せざるをえない面があるが、「ひきこもり」になりがちな日本の高齢者とはかなり対照的だ。その中には、日本でも紹介されることがあるが、大きな筆に水をつけて地面に〝書〟を行っている人もいて、孫にあたるような年齢の子どもも一緒に書いていたりする（写真⑫）。

私が見るに、こうしたこと、つまり都市が一つの「コミュニティ空間」であることを可能にしている一つの条件が、街の中心部に住宅が多いことである。東京など、都市の中心部に中層の集合住宅が少ない日本と比べ、中国の場合はそうした中層（〜高層）住宅が街の至るところに広がっている（写真⑬）。

これはもともと、公的な住宅が計画的に整備され、「職住近接」の形がとられてきたからである。正確に言えば、この場合の公的住宅とは国営企業等の被雇用者向けの住宅を含むので、日本の感覚でいえば〝社宅〟が計画的に配置されたと言ってもよいだろう。ただし九〇年代後半以降はそうした住宅も「商品化」されて市場に委ねられるようになり、人口増加も手伝って、近年では住宅価格が高騰し（同時に通勤距離・時間も徐々に長くなり）、私が滞在している間もそのことが連日のように報道されていたりした。しかし、それでも中心部に住宅が大量かつ計画的に整備されていることが、先に指摘した「コミュニティ感覚」の基盤になっていると私には思われた。

それは言い換えれば、「生産のコミュニティ」と「生活のコミュニティ」とが比較的重なるかたちで存続しているということである。これが完全に乖離《かいり》していったのが高度成長期以降の日本、とりわけ大都市圏だった。つまり都市の中心部に計画的に整備された公的住宅がほとんど存在しないため（また土地が細分化され一定規模の中層住宅が少ないため）、郊外の遠隔地に住

写真⑪　公園のにぎわい
（マージャンや将棋をする高齢者）

写真⑫　地面に「書」を行う高齢者・子ども

写真⑬　中層の公的集合住宅

宅が建てられ都市が無際限にスプロール化し、通勤時間が異様に長くなっていた。

その中で「生産のコミュニティ」(=カイシャ)と「生活のコミュニティ」(=郊外の住宅)は完全に分離し、サラリーマンにとって住宅のある地域は〝寝る場所〟、カイシャのある場所は働くだけの場所で、いずれも帰属意識の薄いものになった。高齢者の福祉施設なども概して郊外の不便な場所になりがちなので、様々な面で地域に根ざした生活ということが困難になる。

コミュニティ再生や地域再生が課題のいま、以上のようなヨーロッパや中国の例なども手がかりにしながら、都市におけるコミュニティの構築ということをソフト(人と人とのゆるいつながりの意識)・ハード(空間構造、都市計画、住宅、土地所有等)の両面から考えていく時期ではないだろうか。

†日本の事例から——都市のあり方とコミュニティ

アメリカ、ヨーロッパ、中国の都市のありようについて述べ、日本との比較にも言及してきたが、日本の状況についてもう少し具体的に見ておこう。

最初は望ましくない例だが、私の勤務する大学の比較的近くに稲毛という場所がある。そこには比較的大きな規模の浅間神社という神社があって、脇にせんげん通りという商店街がある(ちなみに日本の商店街の発展パターンには鉄道駅前、公共施設の周辺などいくつかのタイプがあるが、神社・お寺の参道沿いというのは歴史的にももっとも古い形態である)。

しかし残念ながら、写真⑭⑮はゼミの学生と一緒に周辺を歩いた時のものだが、この商店街の道路は自動車交通量が非常に多く、神社という本来ならばこの地域での貴重な社会的資源や、その脇の商店街のもつ多面的価値がほとんど台無しになっている。加えて写真⑮に見られるように、道路脇の歩行者通路は非常に狭く、〝自動車と袖ふれあいながら肩身を狭くして小さくなって歩く〟という状態で、単純に危険である。先ほど述べたような「座ってゆっくり過ごせ

写真⑭　改善を考えるべき例：道路で分断された商店街や参道
（稲毛：せんげん通り）

写真⑮　同上

る場所」、「コミュニティ空間」といった要素は全くない。

これは私にとって身近な一例だが、このような場所は日本のあちこちに多くあるだろう。最後に指摘した点（歩行者にとっての危険性）などは、やろうと思えばすぐにでも是正できる点だろうし、また、当初は反対が出るだろうが、まずは時間を決めて自動車が進入できない時間帯を設け、それを順次拡大して最後は完全な歩行者専用道にすることは可能と思われる。そうしたことが、実は結果的に中心市街地の活性化（＝経済）、「生活の質」の向上やコミュニティ感覚の醸成（＝福祉）、ひいてはガソリン消費等の削減（＝環境）につながるのではないだろうか。このような比較的簡単なところから改善していける例は日本の中に無数に存在していると考えられる。

一方、比較的望ましい例もある。私が知る限り、ひとつの好例は静岡市の中心部で、静岡駅前の歩行者専用の地下道をくぐり抜けると、「一店逸品」運動の試みを含めにぎやかな商店街の事例としても有名な呉服町通りをはじめ、歩行者がゆっくり過ごせる商店街が碁盤の目のように縦横に広がり、ある種の「コミュニティ感覚」が自然に起こってくるような空間となっている（写真⑯⑰⑱。⑱は商店街のすぐ脇の神社で、この日はギターコンサートが行われていた）。

静岡は近年の日本において中心部の事業所数が増えている数少ない例の一つらしいが（財団法人都市計画協会編［二〇〇七］）、その一つの背景は、鉄道駅前の近辺に県庁や市役所、病院などの公的機関、さらに駿府城跡が比較的集中して存在していることにあり、そこに商店街も広がっているわけだが、かつて国鉄の鉄道駅が駿府城跡の近くに作られたことが結果的にプラスに働いたようだ（私の郷里の岡山がそうであるように、お城から比較的離れたところに鉄道駅が作られ、結果的に中心市街地が〝拡散〟的になっている例も多い）。といっても、ヨーロッパの都市でも鉄道駅と旧市街とがかなり離れている例は珍しくないので（たとえばドイツの場合だとカールスルーエ、ハイデルベルク、アーヘン、バーデンバーデンなど）、このことが決定的な意味をもつ

写真⑯　コミュニティ感覚が保たれている例
（静岡：駅前に縦横に広がる商店街と歩行者空間）

写真⑰　同上

写真⑱　同上

わけでは全くないだろう。

いわゆるコンパクトシティ（都市の拡散や中心市街地の空洞化を是正すべく、できる限り集約的な街を作っていくという考え方。この方向で二〇〇六年に「まちづくり三法の改正」が行われた）の例としては、富山や青森の例がまず引き合いに出されることが多い。ただし富山の場合、富山県は世帯あたりの自動車保有台数が全国二位であるなど元来自動車依存が高く、それに伴う買い物難民などの問題を是正するためコンパクトシティの方向に着手したという背景があるので、現在の市街地がすでに集約的になっているわけではない。

私の印象では、むしろ静岡などの例のほうが、本来の意味でのコンパクトシティ――歩いて楽しめる空間が中心部に広がり、住宅などを含めて全体的な生活の質が高いというヨーロッパ的な都市のイメージ――に近いと感じられた。ただし静岡も、東部にある東静岡駅周辺の大規模再開発やそれに伴う公共施設の移転などにより〝拡散的〟な方向に向かい商店街の衰退等が起こるのではないかとの危惧が示されている（『山陽新聞』二〇〇九年二月二八日）。

コンパクトシティについては様々な賛否の議論があるが、私が重要と考えるのは、単なるハード面に流れない、いわば〝人間の顔をしたコンパクトシティ〟ともいうべき発想である。つまり本節で述べているような「コミュニティ」や人と人との関係性に関する視点、あるいは広い意味での「福祉」的な視点を導入したアプローチ（ひいては後に述べる「都市政策と福祉政策の統合」）が求められているのではないだろうか。

静岡の例を挙げたが、しかしこうした静岡のような例は日本の地方都市としてはむしろ少数派で、完全に自動車中心となり、商店街を含め街の中心部が半ば空洞化しているのが多くの日本の地方都市である。たとえば写真⑲⑳㉑は茨城県の水戸駅前のある日曜日の様子だが、まずは「道路」が圧倒的な存在感を示しており、日曜日ということもあってか周辺は閑散とし、駅の中はある程度人がいるが、すぐ近くの神社脇の商店街は人通りがない。おそらく郊外のショ

写真⑲　典型的な日本の地方都市：道路中心の街と中心部の空洞化
（水戸駅南口）

写真⑳　同北口

写真㉑　近辺の商店街

ッピングモールには多くの人がいると思われるが、こうした状況が日本の地方都市の典型的な姿であり、先ほど見たヨーロッパや中国の都市の印象とはかなり異なっている。

†「環境・福祉・経済」の相乗効果とまちづくり

ヨーロッパ、中国、日本という順で見てきたが、これらを踏まえ、以上述べてきたことをやや一般化して述べると次のようになる。それは第1章でも言及した「環境・福祉・経済」という三つの視点との関連であり、ここまで様々な例にそくして論じたように、中心部に住宅や福祉施設等を計画的に誘導・整備し、道路や自動車交通を大胆に抑制して歩いて楽しめる空間構造にしていくことが、

・「福祉」にプラス……「コミュニティ感覚」醸成、ケアの充実、空間格差の是正、〝買い物難民〟減少など。
・「環境」にプラス……エネルギー（ガソリン等）消費削減、CO_2排出削減など。
・「経済」にプラス……中心市街地の活性化、経済の地域内循環、雇用創出など。

という多様な価値をもつということである。言い換えれば、1章で指摘した「環境・福祉・経

済」（とその相乗効果）という視点は、こうしたまちづくりや都市・地域再生という文脈においても重要ということである。なおこのうち「環境」に関しては、都市の人口密度とガソリンなどエネルギーの消費量とは明瞭な反比例の関係にあることがわかっており、アメリカなどの都市は、拡散型でエネルギー消費やCO_2排出量の多い都市の典型となっている（服部［二〇〇九］参照）。

特に日本の場合は、高度成長期を中心に一貫して「生産」あるいは「経済」ということが強調されてきたわけで、ここで見てきた圧倒的に道路中心の街や地域という状況もそうした背景から生まれたものである。しかし皮肉なことに、そのように「経済」「生産」優先で行ってきた政策が、他でもなく中心市街地の空洞化や地域経済の疲弊という結果を招いてしまっているのだ。

ここで必要なのは、第1章で述べた「生産性」概念の再定義とも併せて、「経済」の意味を再定義していくことであり、特にそれをローカルな地域の空間的ユニットやコミュニティと結びつける発想が重要と思われる（この点に関連する「経済の地域内循環」という視点について次節で取り上げてみたい）。

†「都市型コミュニティ」の確立という基本的課題

都市や地域というもののあり方について、各国・各地域の具体的なイメージを素材にしながらいくつかの点を指摘してきたが、ここで議論の視座をひと回り広げて考えてみよう。大きな時代認識にそくして記すと、私は現在の日本社会は、根本的な意味での「都市」というテーマに、ある意味で歴史上初めて直面しているのではないかと考えている。それは次のような趣旨である。

戦後の日本社会とは、一言でいえば〝農村から都市への人口大移動〟の歴史だったと言えるが、都市に移ってきた日本人は、「カイシャ」と「(核)家族」という、いわば〝都市の中のムラ社会〟と呼べるような、閉鎖性の強いコミュニティを作っていった。そして、それぞれの会社や家族が互いに競争しつつ、経済成長という「パイの拡大」を実現し、それなりの好循環を実現していたのが一九八〇年代頃までの日本だったと言える。

ここで、「農村型コミュニティ」と「都市型コミュニティ」という基本的な視点について確認しておきたい(広井[二〇〇九b])。

「農村型コミュニティ」とは、〝共同体に一体化する(ないし吸収される)個人〟ともいうべき関係のあり方を指し、それぞれの個人が、ある種の情緒的(ないし非言語的な)つながりの感

表2-1　コミュニティの形成原理の二つのタイプ

	A　農村型コミュニティ	B　都市型コミュニティ
特質	“同心円を広げてつながる”	“独立した個人としてつながる”
内容	「共同体的な一体意識」	「個人をベースとする公共意識」
性格	情緒的（&非言語的）	規範的（&言語的）
関連事項	文化	文明
	「共同性」	「公共性」
	母性原理	父性原理
ソーシャル・キャピタル（注）	結合型（bonding）（集団の内部における同質的な結びつき）	橋渡し型（bridging）（異なる集団間の異質な個人の結びつき）

（注）「ソーシャル・キャピタル（社会関係資本）」は人と人との関係性（信頼、規範、ネットワーク等）に関する用語で、様々な議論の系譜があったが特に近年において社会科学分野で広く使われるようになったのはアメリカの政治学者パットナムの著作を通じてである（パットナム[2006]、内閣府国民生活局編[2003]）。

覚をベースに、一定の「同質性」を前提としつつ、凝集度の強い形で結びつくような関係性をいう。これに対し「都市型コミュニティ」とは〝独立した個人と個人のつながり〟ともいうべき関係のあり方を指し、個人の独立性が強く、またそのつながりのあり方は共通の規範やルールに基づくもので、言語による比重が大きく、個人間の一定の異質性を前提とするものである。

これらの点を、関連する論点とともにやや単純化して対比したのが表2-1である。

こうした「農村型コミュニティ」と「都市型コミュニティ」という対比を行った場合、日本社会（ないし日本人）において圧倒的に強いのが前者（農村型コミュニティ）のような関係性のあり方であることは、あらためて指摘するまでもないかもしれない。先ほど述べたように、

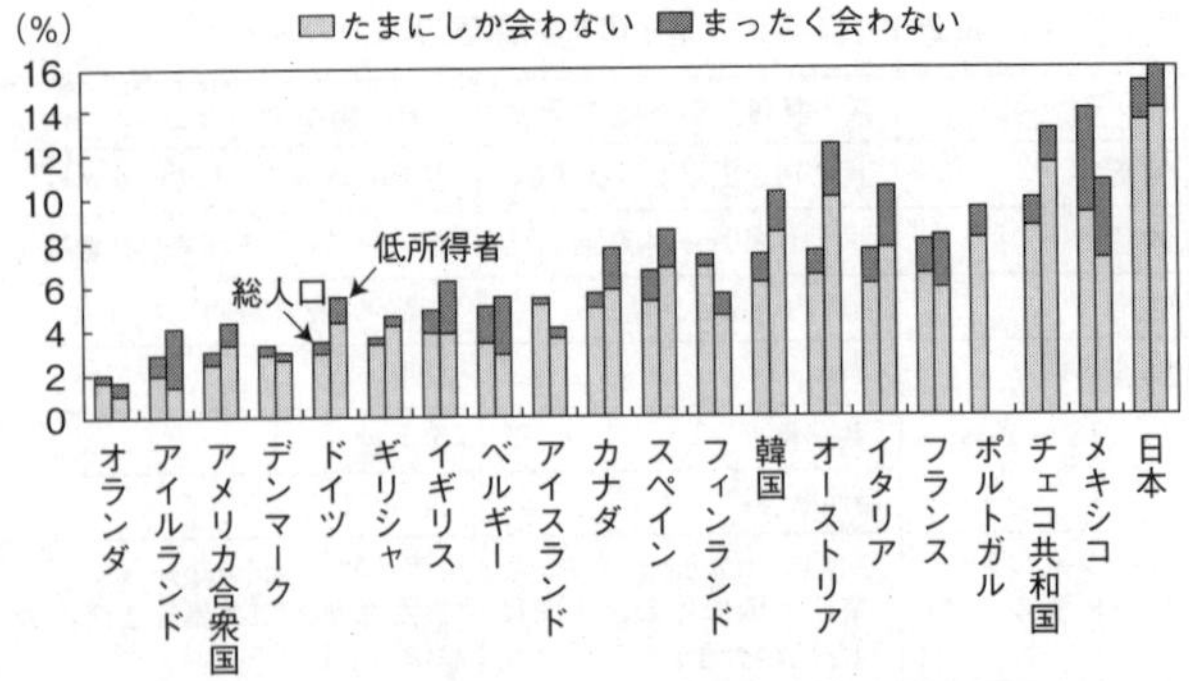

図 2-1　先進諸国における社会的孤立の状況

(出所) OECD (2005)

(原注) この主観的な孤立の測定は、社交のために友人、同僚または家族以外の者と、まったくあるいはごくたまにしか会わないと示した回答者の割合をいう。図における国の並びは社会的孤立の割合の昇順である。低所得者とは、回答者により報告された、所得分布下位3分の1に位置するものである。

(出典) World Values Survey. 2001.

戦後の日本社会において、農村から都市に移った人々は、カイシャと核家族という〝都市の中の農村（ムラ社会）〟を作っていった。そこではカイシャや家族といったものが〝閉じた集団〟になり、それを超えたつながりはきわめて希薄になっていった。そしてさらに、そうしたムラ社会の「単位」が個人にまでいわば〝縮小〟し、人と人の間の孤立度が極限まで高まっているのが現在の日本社会ではないだろうか。

実際、以前にもふれた点だが、ある国際比較調査（世界価値観調査）によれば、図2-1に示されているように、国際的に見て日本はもっとも「社会的孤立」度の高い国であるとされている。この場合の「社会的孤立」とは、家族以外の者との交流やつながりがどのくらいあるかという点に関わるもので、日本社会は、〝自分の属するコミュニティないし集団の「ソト」の人との交流が少ない〟という点において先進諸国の中で際立っている。

現在の日本の状況は、「空気」といった言葉がよく使われることにも示されるように、集団の内部では過剰なほど周りに気を使ったり同調的な行動が求められる一方、一歩その集団を離れると誰も助けてくれる人がいないといった、「ウチとソト」との落差が大きな社会になっている。このことが、人々のストレスと不安を高め、高い自殺率といったことも含めて、生きづらさや閉塞感の根本的な背景になっているのではないだろうか。

いま述べている「農村型コミュニティ」と「都市型コミュニティ」という二つの関係性は、人間にとってその両者のいずれもが（あるいはそのバランスが）重要であって、一方が他方に対して〝すぐれている〟といった性格のものではない。しかしながら、日本の現状にそくして見る限り、社会構造が「都市型コミュニティ」を要請するものに急速に変容したにもかかわらず、それに日本社会の関係性や行動パターンが追いついておらず、そのギャップが様々な矛盾を生む根本的な背景になっているのではないか。

したがって、日本社会における根本的な課題は、個人と個人がつながるような「都市型のコミュニティ」ないし関係性をいかに作っていけるか、という点にまず集約される。これについては、①「規範」のあり方（集団を超えた普遍的な規範原理）という点が大きな課題となり、また②日常的なレベルでのちょっとした行動パターン（挨拶、お礼、見知らぬ者同士のコミュニケーション等）や、③各地におけるNPOなど新たなコミュニティづくりに向けた様々な活動や事業の試みが重要となると考えられる（広井［二〇〇九b］）。

†「関係性の進化」と組みかえ

いま指摘したうち①は、「空気」で動くような関係性ではなく――それは集団の「ウチ」と「ソト」の垣根を強くし、いじめの問題などもそうであるように、その空気の中に入っていけない外部の人間にとっては互いにきわめて排他的なものになる――、よい意味でドライな、ルールや原理・原則で動くような社会という趣旨である。日本の企業社会などにおいて、依然として〝つきあい残業〟的なことが多かったり、有給休暇がとりにくかったり、男女平等といったことがなお十分に進まないのもこうした点が関係していると思われる。

②は、ごく日常的な人と人との関係性に関するものだ。特に日本の大都市では、見知らぬ者どうしがちょっとしたことで言葉を交わしたりコミュニケーションをとるということがほぼ全くない。ヨーロッパや、あるいは中国や韓国なども含めて、海外の国に出かけた多くの人が感じることと思われるが、そうした国々では街の中で見知らぬ者どうしが自然に言葉を交わした

り、「ありがとう」と言ったり、何かの折に笑顔を交わしたり、といったことが普通に行われる。

これは特別の親切や利他心といったものではなく、ある意味でごく簡単なことだが、そうした（ゆるい）つながりやコミュニケーションがあるかどうかで、社会の印象やそれに対する人々の「構え」はまるで違ったものになる。

新聞のコラムを読んでいて、娘がカナダの高校に留学中という神奈川県の女性の言葉として、「大荷物を棚にのせようと格闘していても皆知らん顔をしていることで、娘はああ日本に帰ってきたんだと思うそうです」という一節があったが（日本経済新聞二〇一〇年一二月一〇日）、まさにそうしたことである（韓国から日本に来た女性の同様の発言にふれたこともある）。

かといって、私はこれを〝日本人の国民性〟といった、不変の属性のようなものとして理解するのは間違っていると考えている。以前「関係性の進化」という言葉で論じたことだが（広井［二〇〇六］等）、「ウチとソトを明確に区別する」「集団が内側に向かって閉じる」といった日本社会にありがちな行動パターンや関係性は、いわば〝稲作の遺伝子〟ともいうべきもの、つまり二〇〇〇年に及ぶ灌漑《かんがい》稲作社会の歴史において、比較的小規模の集団が一定以上の強い同調性が求められる生産・社会構造において暮らす中で、それに「適応的」な行動様式として定着・浸透してきたものと言えるだろう。

言い換えれば、人と人との関係性や行動パターンというものは、固定的な「国民性」といったものがあるのではなく、その社会の風土的条件や生産・社会構造に適応的であるように〝進化〟するのであり、現在の日本について言えば、そのような中で醸成されてきた人々の行動様式が、社会構造の急速な変化にまだ追いついていないというだけのことなのである。

本節ですでに述べてきたように、高度成長期はカイシャと核家族という〝都市の中のムラ社会〟的な関係性がそれなりに機能し、日本社会あるいは日本人はそれまでの行動様式を変えずにやってこれた。それが成長の時代から成熟化・定常化の時代へと移行する中で、様々な矛盾が顕在化しているのが現在の状況である。ひとつの大きな過渡期であるとともに、多くの人々が従来の関係性ではまずいということを感じ、新たな行動を起こし始めている時期と言えるだろう。こうした意味で、現在そしてこれからの数年〜数十年は、ゆるやかな、しかし巨大な「関係性の組みかえ」の時代である。

†人口構造の変化と「地域」の浮上——〝地域密着人口〟の増加

一方、これからの都市や地域というテーマを考える場合、実質的な面において非常に大きな意味をもっているのが人口構造の変化である。

以前にも指摘した点だが、この点に関し図2-2をご覧いただきたい。これは、人口全体に占める「子どもプラス高齢者」の割合の変化を示したものであるが、一九四〇年から二〇五〇年という一〇〇年強の長期トレンドで見た場合、それがきれいな「U字カーブ」を描いていることが顕著である。すなわち、人口全体に占める「子どもプラス高齢者」の割合は、戦後の高度成長期を中心に一貫して低下を続け、それが世紀の変わり目である二〇〇〇年前後に「谷」を迎えるとともに増加に転じ、今後二〇五〇年に向けて今度は一貫して上昇を続ける、というパターンが見て取れる。

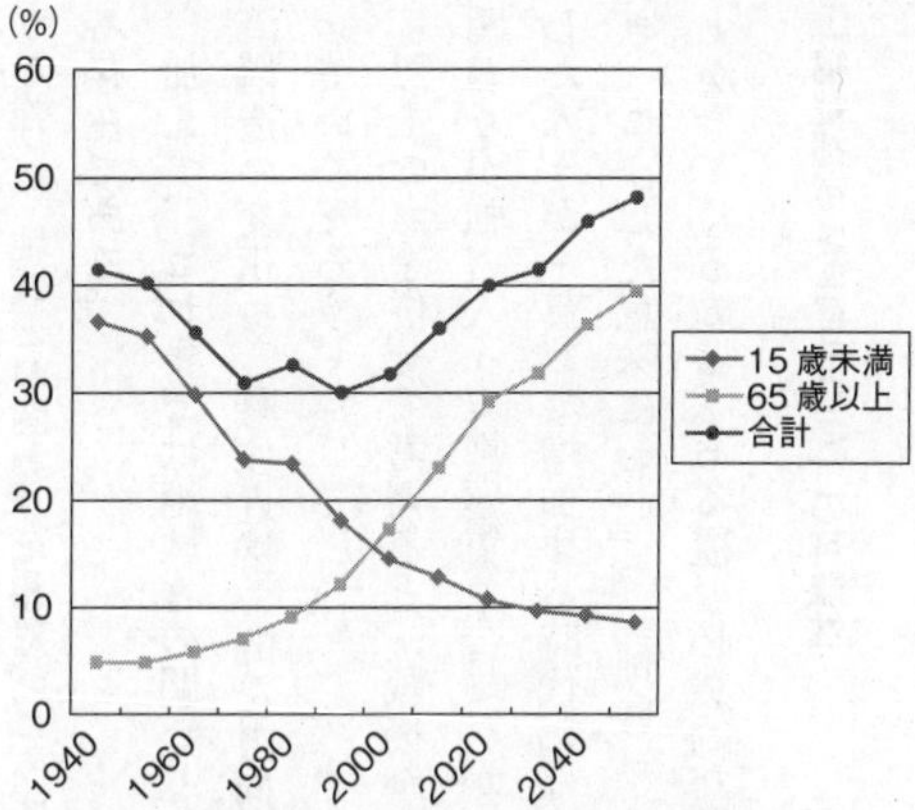

図2-2　人口全体に占める「子ども・高齢者」の割合の推移（1940〜2050年）

（注）子どもは15歳未満、高齢者は65歳以上。
（出所）2000年までは国勢調査。2010年以降は「日本の将来推計人口」（平成18年12月推計）。

ここで「子どもプラス高齢者」の合計に注目するのは、人間のライフサイクルということを考えた場合、子どもの時期と高齢の時期は、いずれも〝土着性〟ないし地域との関わりが強いという点が特徴的だからである（これに対して現役世代は〝カイシャ〟あるいは職域とのつながりが強く、地域との関わりは相対的にうすい)。いわば子どもと高齢者は〝地域密着人口〟と呼べる存在である。

加えて、これまでは地域との関わりがうすかった現役世代も、今後はポスト工業化という経済構造の変化や〝職住近接〟的な方向の高まりの中で、「地域」との関わりが徐々に大きくなっていくだろう。

以上の点を併せて考えると、戦後から高度成長期をへて最近までの時代とは、〝「地域」との関わりが強い人々(地域密着人口)〟が一貫して減り続けた時代であり、しかし今後は逆にそうした人々が一貫して増加する時代になっていく。現在はその入り口の時期ととらえることができ、こうした意味において、「地域」というものがこれからの時代に重要なものとして浮かび上がってくるのは、ある種の必然的な構造変化であるとすら言うことができるだろう。

†「福祉都市 Welfare City」の可能性

以上を踏まえ、今後の都市やそこでのコミュニティのあり方を構想していく場合に重要になる点として、「都市政策と福祉政策の統合」という課題を指摘したい。

先進諸国、とりわけヨーロッパ各国における政策展開を見ると、福祉(社会保障)政策と都市政策(住宅・都市計画・土地政策等)とが、相互に連動しながら、共通の理念の下で展開して

表2-2　都市計画（含土地所有）と福祉国家の国際比較——相互に深く関連

	社会保障	土地所有（公有地割合）	都市計画規制	住宅（社会住宅（公的住宅）割合）
北欧	規模　大	高（例：ストックホルム市70%）	強（二層制）	高
大陸ヨーロッパ	規模　大〜中	中（ただしオランダは高）	強（二層制）	中（ただしオランダは高）
アメリカ	規模　小	低	中（ゾーニング規制）	低
日本	規模　小	低（公有地割合37%）	弱	低（公的住宅割合6.7%）

きたという事実が顕著である。

その全体を概括的にまとめたのが表2-2である。先にヨーロッパにそくして述べたこととも関連するが、たとえば社会保障において「公」の役割が大きい北欧などでは、同時に土地政策においても「公有地」の割合が大きく（たとえばストックホルム市では土地の七〇%が市の公有地）、また住宅についても公的住宅の比重が大きいなど、各政策分野に強い相関性が見られる。

時間軸にそくして見ると、ヨーロッパの場合、近代以前からの都市的な公共性の伝統に加えて、特に第二次大戦後の時代は「福祉国家」の理念とともに、第1章でもふれた社会住宅の整備など、土地・住宅・都市の「社会化」が強化されていった。これとは対照的に日本の場合、農地改革の影響や、強い「開発」志向の中での急激な都市化を背景として、「公共性」を欠落する形で土地所有の私的性格が強まっていったのが戦後の展開だった。

かつて司馬遼太郎は「戦後社会は、倫理問題をふくめて土地問題によって崩壊するだろう」とまで述べていた。氏が「土地の公有制」を強く主張していたという事実は必ずしも十分知られていない（対談集『土地と日本人』〔一九八〇〕、『日本人への遺言』〔一九九九〕など）。

いずれにしても、そうした負の遺産が、社会保障においても、また住宅や都市政策、土地政策においても一気に顕在化しているのが現在の状況といえ、日本において弱い「公」や「共」の強化を中心に、福祉（社会保障）政策と都市政策を通じた包括的なビジョンや政策展開が必要になっている。

ちなみに私が二〇〇八年に行った、全国の市町村および都道府県に対する「土地・住宅政策に関するアンケート調査」では、「現在における土地・住宅政策の重要課題」についての設問（選択式・複数回答）に対し、もっとも多いのが「空地や空き家の増加（291）」で、次が「公有地の保有・利用のあり方（265）」、そして「高齢者や低所得者等に関する住宅の確保（203）」などとなっていた。

これにはある程度の地域差が見られ、すなわち回答を自治体の規模別に見ると、「空地や空き家の増加」は特に人口規模の小さい市町村で大きな課題となっており、他方、特に人口三〇万人以上の自治体や大都市圏においては「高齢者や低所得者等に関する住宅の確保」が重要課題の第一位となっていた。また都道府県の回答でも「高齢者や低所得者等に関する住宅の確保」が土地・住宅政策をめぐる課題の第一位となっていた（詳しくは広井［二〇〇九b］参照）。

こうした結果からも示唆されるように、現在では新たな局面において「住宅の保障機能」の重要性が高まっている。この中には高齢者に関する住宅保障の重要性が含まれることはもちろんだが、近年では若者や子育て世代の住宅難が深刻な問題になりつつある。そしてこのテーマは、第1章で述べた「ストックに関する社会保障」の重要性の高まり、あるいはこれからの社会システムの構想において「事後から事前へ」「フローからストックへ」という方向が重要であるという論点とも呼応する。

第1章で指摘したように、今後は公営住宅・公的住宅等の役割をむしろ強化していく必要があるが、併せて重要なのはそこでの空間的・地理的な視点である。つまり、先に「まちづくりと環境・福祉・経済の相乗効果」というテーマにそくして述べたように、そうした公的住宅や福祉施設等を、都市ないし地域の中心部などに空間的な視点を考慮しながら整備することが、高齢者福祉やコミュニティ感覚の醸成、空間格差の是正など福祉的な観点のみならず、中心市街地の活性化や地域再生といった観点からも、またガソリンやエネルギー消費など環境の観点からも、道路建設などの大規模な公共事業よりも有効かつ費用対効果の高い施策となるという発想である。

福祉施設そのものについて見ると、二〇〇九年三月に群馬県の老人施設（「たまゆら」）が全焼し入居者が一〇名死亡するという悲惨な事件が起こったが、入居している高齢者の多くは実際には東京都の住民であった。これは「街の中心部に高齢者施設や住宅が少ない」ということに由来すると同時に、根本的には、土地の価格の高さから都内にそうした施設が作りにくいという土地問題が背景にある。先に指摘した「公有地の積極的活用」という点を含めて、都市計画・土地政策と連動した福祉政策が求められている。

†都市政策と福祉政策の統合

これまで日本では、福祉ないし社会保障政策と、都市計画や土地所有などを含む都市政策とは、互いにあまり関連のない異分野としてとらえられることが多く、概してバラバラに施策が展開されてきた。しかし今後は、都市政策やまちづくりの中に「福祉」的な視点を、また逆に福祉政策の中に都市あるいは「空間」的な視点を導入することが、ぜひとも必要なのである。

この場合の「福祉」はかなり広い意味で、①少子・高齢化対応や若者を含む生活保障などの面もあれば、②様々な世代の交流や世代間の人口バランス、③本節で述べてきたような、人々がゆっくり歩いて楽しめ、かつ「コミュニティ」としてのつながりを醸成するような空間づくりといった要素を含んでいる。

たとえば本節の前半でふれた、高齢者を中心とする〝買い物難民〟問題などは、「都市政策と福祉政策の統合」ないし「福祉都市」というビジョンを考える上で典型的なテーマの一つだろう。買い物というのは言うまでもなく日常生活の基盤だから、〝買い物難民〟問題は、当然のことながら高齢者などの福祉に関わることであり、しかも同時に、公共交通機関のあり方や、住宅・福祉施設と商店街など買い物をする場所との空間的関係など、都市政策そのものに関わる内容である。

また〝限界団地〟ないし〝都会型限界集落〟という言い方がされるように、団地の高齢化が進み、そこでの狭義の福祉・医療サービスのみならず人とのつながり・コミュニティのあり方や人口構成バランス、他世代とのコミュニケーションといったことが課題になっているが、これらに関する対応も、まさに都市政策やまちづくりと福祉政策を融合した発想やアプローチが必要になっている。高島平団地での、大学等との連携を通じた高齢者・若者の世代間コミュケーションや団地の人口構成の「持続可能性」に関する試みはよく知られており、似たような動きが各地で進みつつあるが、こうした活動は今後さらに重要になっていくだろう。

ここで、高齢者関連の施設や住宅に関して見れば、特別養護老人ホームの待機者は全国で約四二万人に上り(二〇〇八年、厚生労働省まとめ)、またそれは単に「量」の不足だけの問題ではなく、先ほど「たまゆら」の火災事件についてふれたように、その「空間的配置」に大きな歪みが存在している。

なぜそのようになったのか。一つの背景は、これまでの福祉政策に、(人口当たり何施設といった発想はあったとしても)そうした空間的・地理的な視点あるいは〝立地政策〟がほとんど存在しなかったことにあるだろう。

また、都市政策のサイドについて見れば、現状の都市計画が形成された時代は、現在のように少子・高齢化が進んでおらず、先の図2-2のまさに左のほうの時代であったため、むしろ「学校」がコミュニティの中心として想定され——代表的な都市計画論として知られるペリーの「近隣住区論」においても、小学校を中心とする学校区がコミュニティの単位モデルと考えられた——、高齢者福祉施設やケア付き住宅といった存在は、都市計画の運用レベルにおいて意識的に位置づけられてこなかった。

加えて、小中学校などが公立中心で、「公有地」に立っていること——私たちはこのことを半ば自明のことのように考えているが——に対し、福祉施設の場合は、土地は設置者(社会福祉法人など民間非営利の主体)が自ら自前で準備することになっている。この結果、地価の高い場所での設置が困難であるという基本的な問題が存在してきたのである。

したがってこのような少子・高齢化対応という点からも、本節で幾度かふれてきた公有地などの公的部分の強化や活用という点を含め、「都市政策と福祉政策の統合」が重要となっている。具体的な対応策としては、たとえば最近、①公有地などの積極的活用(小中学校の跡地を含む公有地を無償で貸し出し特養やグループホーム、保育所などを誘致（東京都、練馬区、新宿区、中野区、調布市など））、②都営住宅やURの土地・住宅の積極的活用（高齢者向けのケア付き住宅への転換など）といったことがすでに一部で始まっているが（『日本経済新聞』二〇一〇年九月一四日、二〇一一年一月五日）、さらに広く普遍化された形での展開が求められる。

こうした都市政策と福祉政策の統合を含め、本節で論じてきた「コミュニティ感覚と空間構造」という視点を手がかりにしながら、都市あるいは身近な街におけるコミュニティ空間を様々な形で作り育てていくことが、これからの数十年、つまり高齢化がピークを迎える二一世紀半ばに向けての日本社会の中心的な課題の柱になるだろう。

2　地域の「豊かさ」とは何だろうか

†はじめに――若者のローカル志向は否定的に考えられるべきか

前節では「コミュニティとしての都市」というテーマにそくして、主として「都市」に重点を置いた議論を行ったが、ここでは視野をもう少し広げ、農村地域を含めた日本社会全体を射程に収めながらこれからの地域のありようについて考えてみよう。

若者の「地元志向」ということがしばらく前から言われるようになっているが、私自身の身近なところを見ても、学生たちの〝ローカルなものへの関心〟ということが以前にも増して確かな流れになっていると感じる。たとえばゼミの学生で「愛郷心」ということに注目し、衰退していく地元の町や地域をなんとか再生させたい、あるいはすでに一定の住みやすさをもっている地元をもっとよい場所にしていきたいといった関心をもつ者が明らかに増えている。静岡出身のある学生は〝静岡を世界一住みやすい場所にする政策を掘り下げること〟をゼミ志望の理由に挙げていたし、新潟出身の別の学生は地元での農業活性化を通じた地域再生を大学時代のテーマの柱としていた。

最近の象徴的な例では、学生時代はイギリスに留学するなど国際的なテーマに関心をもっていた女子の学生が、あるインターンシップで滞在した長崎県五島列島の小値賀《おぢか》町の魅力に感銘を受け、卒業後二年ほどは東京の丸の内で働いていたが、やがて会社をやめて小値賀町に移住して暮らすようになったという出来事があった。

以上のようなことを含め、こうした若い世代のローカル志向を、〝内向きになった〟とか〝外に出ていく覇気がない〟といった形で批判する議論が多いように思うが、それは全く的外れな意見だと私は思う。海外に〝進出〟していくのが絶対的な価値のように考え、また「〝欧米〟＝進んでいる、日本やアジア＝遅れている」といった固定的な観念のもとで猪突猛進してきた結果が、現在の日本における地域の疲弊であり空洞化ではなかったのか。むしろ若い世代のローカル志向は、そうした日本や地域社会を〝救う〟萌芽的な動きと見るべきであり、そうした動きへの様々なサポートや支援のシステムこそが強く求められている。

†経済成長と幸福

若い世代のローカル志向という話から始めたが、ここでひと回り視野を広げ、地方を含めた日本社会全体のあり方を、経済の成熟化あるいは「ポスト成長」の時代という大きな時代構造の変化の中で考えてみよう。

前節で、ブータンのGNHに触発された東京都荒川区の「GAH（グロス・アラカワ・ハピネス）」についてふれたが、そもそも経済成長と人々の「幸福」にはどのような関係があるのだろうか。

こうした点に関し、最近では様々な研究を通じ、経済発展の度合いが一定水準（たとえば一人当たり年間所得が一万ドル程度）を超えると、経済成長と人々の「幸福」感や生活満足度との間の相関があまり見られなくなることが示されるようになっている（フライ他［二〇〇五］参照）。そこではGDP以外の要因、たとえばコミュニティ（人と人とのつながりや関係性）のあり方や所得分配の平等度、自然環境との関わり等といった要素が人々の幸福や生活の質の向上

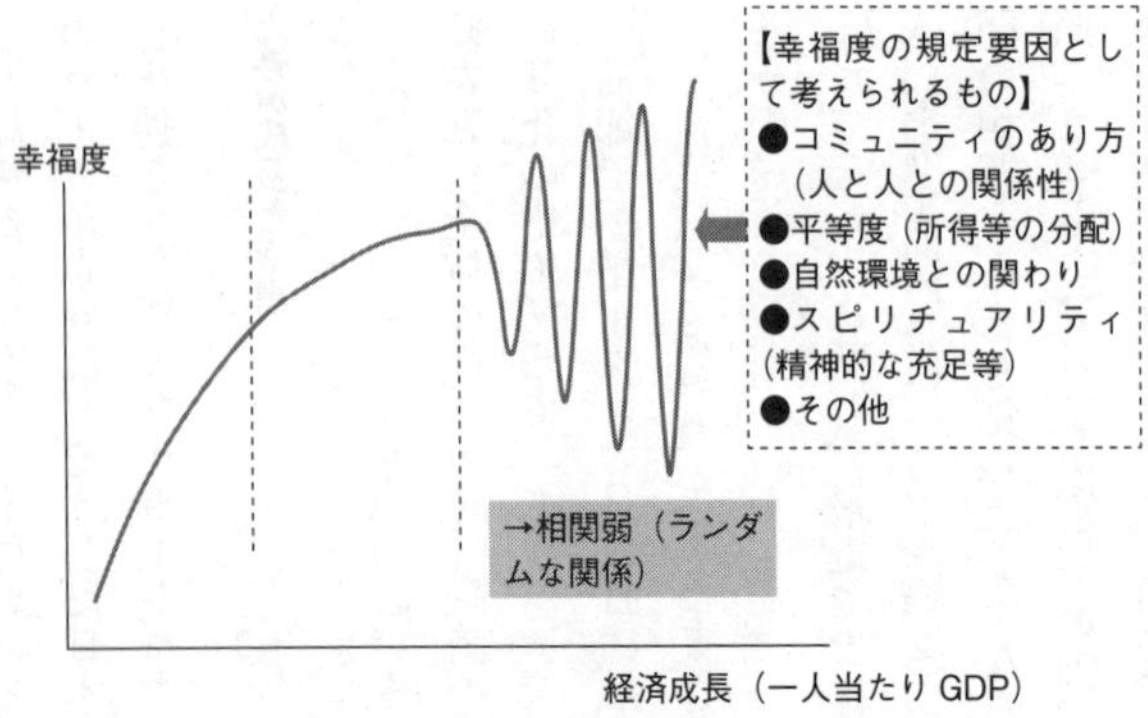

図2-3　経済成長と幸福度との関係（仮説的なパターン）

にとってむしろ重要になってくる。この点をやや単純化して示したのが図2-3である（こうした話題について広井［二〇〇九a］参照）。

他方、図2-3に示したような仮説的なパターンそのものについて疑念がありうるだろう。たとえば、所得が低いレベルでは「幸福」と所得水準との相関が強いと本当にいえるのか（「貨幣所得」が低いからといってその国の幸福度が低いとはいえないのではないか）。「幸福」という、一定の文化的な負荷を帯びた価値尺度を普遍的なものと考えてよいか。マクロの幸福よりもミクロのレベル、あるいはその分配を問題とすべきではないか等々、こうしたテーマは多方面への広がりをもっている。

そもそも幸福といった主観的なものを社会（科学）的な文脈でどう扱うかはきわめて困難な性格を含むテーマであり、多面的な吟味が必要であるが、自然科学を含めた現在の諸科学が、こうした従来の近代科学では扱わなかった主観的あるいは定量化が困難な領域に主要な関心を向けつつあるのは確かな事実である（第3章でこれに関する話題を取り上げたい）。

いずれにしても、以上のような文脈からも今後の社会のありようを考えていくにあたっては、第1章でも関連する話題にふれたように「定常型社会」という発想が重要と私は考えている。これについてはすでに様々な形で論じてきたので（広井［二〇〇一］等）詳述は避けるが、あらためて確認すると定常型社会とは「経済成長を絶対的な目標としなくても十分な『豊かさ』が実現されていく社会」をいう。定常型社会の背景としては、人々の物質的な需要がほぼ飽和しつつあるということが基本だが、加えて二〇〇五年から日本の総人口がすでに減少に転じているという点があり、かつ環境制約つまり資源や自然環境の有限性という点もある。このように定常型社会とは「少子・高齢化社会」と「環境親和型社会」という二つを結びつけるコンセプトでもある。

そして本節の文脈において重要なのは、こうした定常型社会においては、第1章の終わりでも示唆したように「時間」に対して「空間」が相対的に優位になり、またそれぞれの地域の固有の価値や多様性が前面に出る時代となるという点である。

†「ローカルからグローバルへ」の全体構造

地域の重要性が高まるといっても、もちろんローカルな地域はそれだけで孤立して存在するものではない。では、これからの時代において「ローカルからグローバルへ」の役割分担はどのようなものであるべきだろうか。つまり、どのようなモノやサービスの生産・消費はできる限り地域のローカルな単位で行われ、どのようなものはより広域的な空間単位において生産・消費されるべきなのだろうか。

議論の前提として確認すると、ここ二〇〇～三〇〇年前後の市場化や産業化のプロセスの中で、生産（ないし技術革新）や消費構造において基軸をなしてきたコンセプトは、大きく「物質」→「エネルギー」→「情報」→「時間」という形で変遷してきたと概ねとらえることができるだろう。

すなわち、産業化以前の市場経済の拡大において様々な「物質」の流通が活発化したことに始まり、一九世紀を中心に産業化（ないし工業化）を通じて石油・電力等の「エネルギー」の生産・消費が本格化し、さらに二〇世紀半ば前後からは「情報の消費」が展開していった。ちなみにここでの「情報の消費」とは、ITやインターネット等といったものに限らず、たとえば商品を買うときにそのデザインやブランドに着目して購入するといったより広義の内容を指

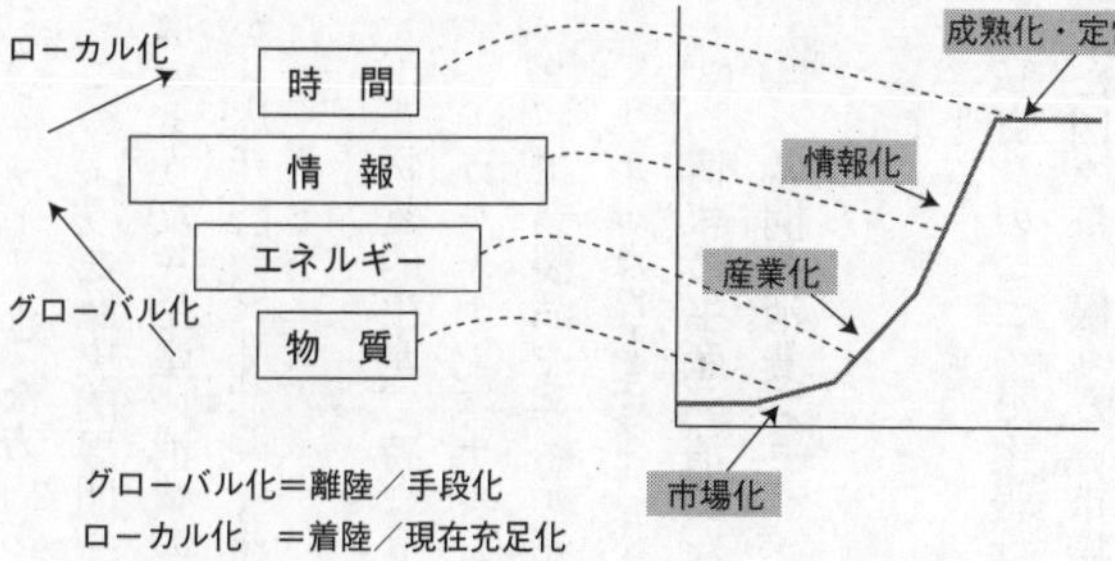

図 2-4　経済システムの進化とグローバル化・ローカル化

している。

これらは経済活動の規模を飛躍的に拡大・成長させると同時に、別の角度から見ると、前の段階の生産・消費を次々に「手段化」する形でシステムの展開が図られ、同時にまた、ある地域にローカルに局限された経済活動が（資源の調達においてもまた商品の販売先としても）よりグローバルな方向に空間的に広がっていくプロセス（＝世界市場化）でもあった（図2-4）。

ところが、こうした経済システムの進化の帰結として、人々の需要は（少なくとも市場経済で測定できるようなものに関しては）ほとんど飽和しつつあり、「時間の消費」――自然やコミュニティ、精神的な充足に関する欲求で、そうした「時間」を過ごすこと自体に価値を見出すような志向――とも呼びうる方向や、「市場経済を超える領域」が展開しようとしている。このことは、人々の欲求や需要の方向が、上記のような限りない手段化・効率化から、むしろ現在充足的

(コンサマトリー)な方向あるいはローカルな方向へと転化しつつあることを意味している。

このような歴史的展開や構造を踏まえれば、今後の世界ないし地球社会における経済活動は、次のような「生産/消費の重層的な自立と分業」を基調としたものであるべきではないだろうか(広井[二〇〇九a]参照)。すなわち、

(1) 物質的生産、特に食料生産および「ケア」はできる限りローカルな地域単位で。……ローカル〜ナショナルに。

(2) 工業製品やエネルギーについてはより広範囲の地域単位で。……ナショナル〜リージョナル(ただしエネルギーも究極的には自然エネルギーを中心にできる限りローカルに。)

(3) 情報の生産/消費ないし流通についてはもっとも広範囲に。……グローバル

(4) 時間の消費(コミュニティや自然等に関わる欲求ないし市場経済を超える活動)はローカルに。

私自身のここでの主張は、日本を含め、ポスト産業化あるいは市場経済の成熟化の段階に達した国々は、限りない市場経済の拡大や資源消費の無限化という方向を目指すのではなく、以上に示したように、できる限りローカルなレベルから「地域において循環する経済」を積み上

げていくという姿を実現していくべきというものである。

†これからの地域と成長・拡大vs定常化――全国自治体アンケート調査結果から

以上の議論は、〝新成長戦略〟や〝第三の開国〟などということが喧しく言われている現政権の時代において、半ば空理空論のように響くかもしれない。しかし以下で見ていくように、私が二〇一〇年七月に行った全国自治体アンケート調査の結果を見ると、いま述べたような方向は必ずしも現実離れした理想論ではないことが浮かび上がってくる。

今回実施した調査は、「地域再生・活性化に関するアンケート調査」と題するもので、①全国市町村の半数(無作為抽出)および政令市・中核市・特別区で計九八六団体、②全国四七都道府県に送付し、①については返信数五九七(回収率六〇・五%)、②については返信数二九(回収率六一・七%)であった(科学研究費に基づく調査研究の一環)。以下で紹介するのは主として市町村分の集計結果の一部である。

まず、「日本は二〇〇五年から人口減少社会となっていますが、そうした時代状況における今後の地域社会や政策の大きな方向性として、貴自治体では以下のうちいずれが基本となるとお考えでしょうか」という設問に対する回答は図2-5のようなものとなっていた。

これを見ると、「可能な限り経済の拡大・成長が実現されるような政策や地域社会を追求し

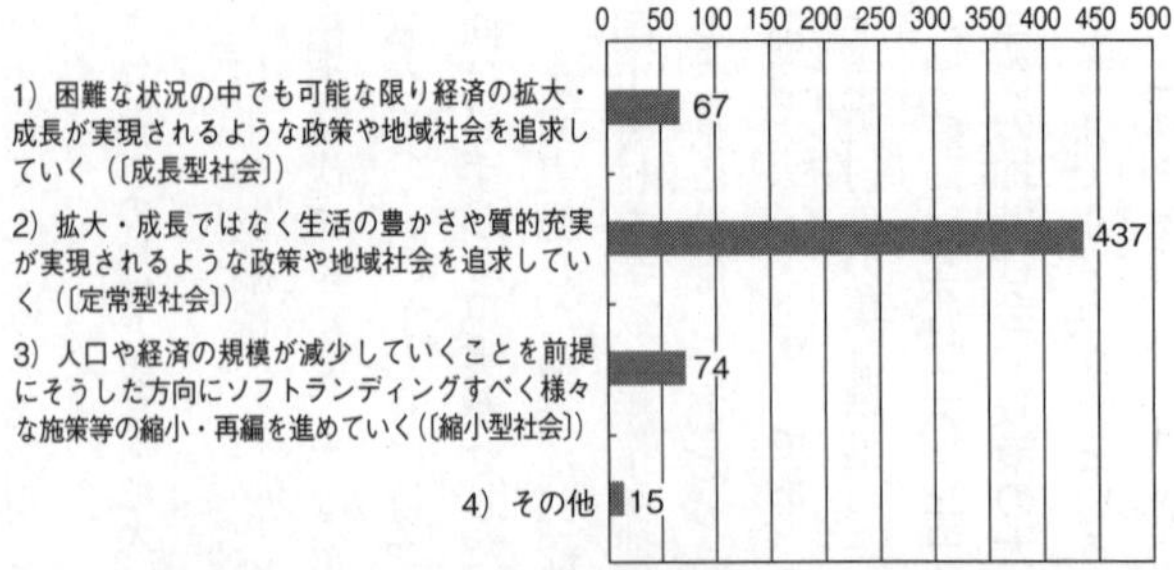
0 50 100 150 200 250 300 350 400 450 500
1) 困難な状況の中でも可能な限り経済の拡大・成長が実現されるような政策や地域社会を追求していく（〔成長型社会〕）
67
2) 拡大・成長ではなく生活の豊かさや質的充実が実現されるような政策や地域社会を追求していく（〔定常型社会〕）
437
3) 人口や経済の規模が減少していくことを前提にそうした方向にソフトランディングすべく様々な施策等の縮小・再編を進めていく（〔縮小型社会〕）
74
4) その他
15

図 2-5　今後の地域社会や政策の方向性
――「拡大・成長 vs 定常」という座標軸

ていく」との回答は少数で（一一・二%）、「拡大・成長ではなく生活の豊かさや質的充実が実現されるような政策や地域社会を追求していく」が多数（七三・二%）を占めており、また「人口や経済の規模が縮小していくことを前提にそうした方向にソフトランディングすべく様々な施策等の縮小・再編を進めていく」が一二・四%を占め、後二者を合わせると九割近く（八五・六%）に及んでいる。

こうした回答の傾向については、人口規模別の集計を行っても地域差がほとんどなく、全体を通じて〝拡大・成長ではなく生活の豊かさや質的充実〟志向が多数を占め、これは当初の予想を上回るものであった。

ナショナル・レベルの見方では、上記の新成長戦略や〝第三の開国〟論のように、なお〝限りない経済成長〟志向が強く残っているが、地域レベルの志向性は（大都市圏も含めて）これとはかなり異なっている。もちろん、〝成長・拡大か定常か〟という論点は、単純にどちらが望ましいと言えるものではないが、現状認識として、ローカルな地域の基本単位となる多くの市町村が以上のような考えをもっているという事実は、まず共有される必要があると思われる。

†グローバル化／ローカル化と経済の地域内循環

一方、急速に進展するグローバル化という状況の中で、ローカルな地域のあり方はどうあるべきだろうか。また私たちは、そもそも「グローバル化」と「ローカル化」という二つのベクトルの関係性をどう考えるべきなのか。

先ほども論じたこうした基本論点について、今回の調査では「昨今、グローバル化の進展やその地域経済への影響ということが議論されると同時に、他方では地産地消などローカル・レベルで自立した地域経済という姿も論じられています。こうした点について、貴自治体の今後のあり方は以下のうちいずれが主になるとお考えでしょうか」という設問を設けたが、これについては、図2-6のような結果が示された。

まず、この論点（グローバル化／ローカル化）も必ずしも単純な〝二者択一〟のものではないので、「いずれともいえない」が多数を占めている（特に大都市圏）のは予想された結果だったが、それを除くとかなりの地域差があるのが特徴的である。

すなわち、大都市圏になるとグローバル化への対応ないし通商・対外的競争力の重視が多い

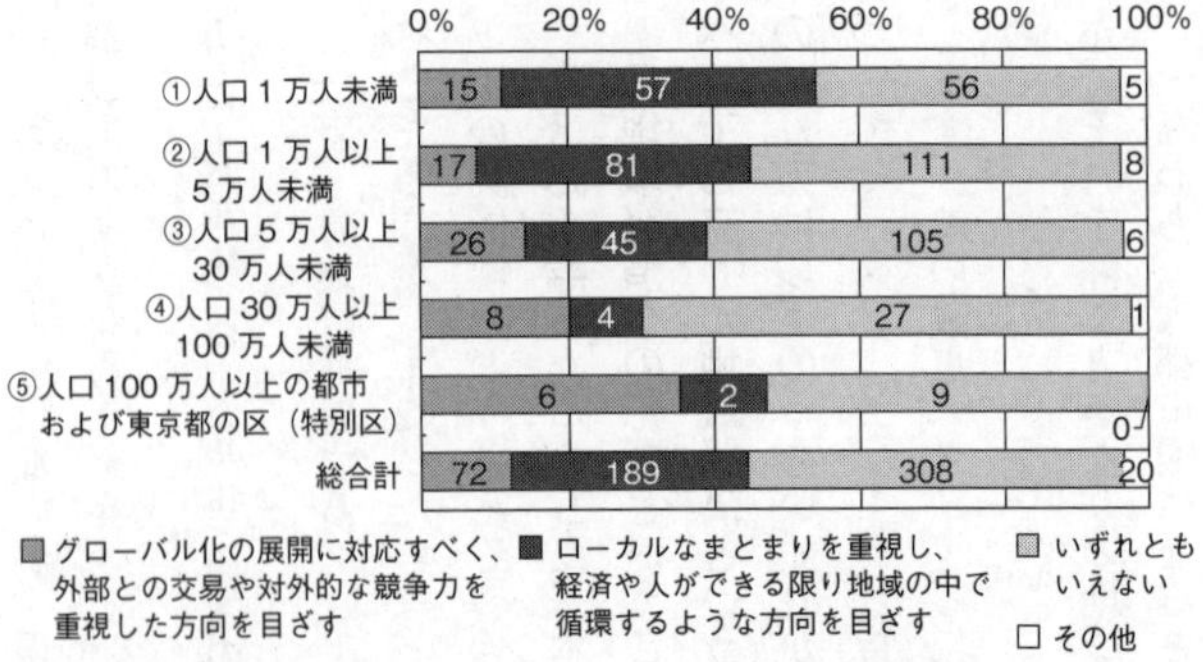

図2-6 「グローバル化vsローカル化」という座標軸と今後の方向

が、中小規模の市町村では「ローカルなまとまりを重視し、経済や人ができる限り地域の中で循環するような方向を目ざす」がむしろ多数を占め、この傾向は人口五万人規模以下の自治体になると顕著である。

こうした結果を見る限り、先ほどこれからの経済社会の方向として述べた、できる限りローカルなレベルにおいて地域内部で循環するような経済を築いていくという方向は、中小規模の市町村や農村部ではある程度浸透したものとなっていると言える。これに対し、〝平成の開国〟の下で推進されつつあるTPPのような政策は、一歩誤ればこうした方向を破壊していくものになってしまうことが危惧される。

ちなみに今述べている「経済の地域内循環」という点に関しては、『スモール・イズ・ビューティフル』で知られる経済学者シューマッハーの流れを引き継ぐイギリスのNEF（New Economics Foundation）が「地域内乗数効果 local multiplier effect」という興味深い概念を提唱している。

これは、経済がほぼもっぱらナショナル・レベルで考えられてきたケインズ政策的な発想への批判ないし反省を含んだ提案である。地域再生または地域経済の活性化を「その地域において資金が多く循環していること」ととらえ、①「灌漑 irrigation（資金が当該地域の隅々にまで循環することによる経済効果が発揮されること）」や②「漏れ口を塞ぐ plugging the leaks（資金が外に出ていかず内部で循環することによってその機能が十分に発揮されること）」といった独自のコンセプトを導入して、地域内部で循環するような経済のありように関する指標を作成しているものである（福士［二〇〇九］、中島［二〇〇五］参照）。

日本での類似例としては、たとえば長野県飯田市の試みが挙げられ、同市では「若者が故郷に帰ってこられる産業づくり」という理念のもと、「経済自立度」七〇％ということを目標に掲げて政策展開を行っている。ここでいう「経済自立度」とは「地域に必要な所得を地域産業からの波及効果でどのくらい充足しているか」を見るもので、具体的には南信州地域の産業（製造業、農林業、観光業）からの波及所得総額を、地域全体の必要所得額（年一人当たり実収入額の全国平均×南信州地域の総人口）で割って算出している（〇八年推計値は五二・五％、〇九年推計値は四五・二％。『月間ガバナンス』二〇一〇年四月号）。

こうした「経済の地域内循環」に関するビジョンの共有や指標づくり、そして政策展開やその支援のための研究等が今後の大きな課題だろう。それは他でもなくＴＰＰ的な世界観とは逆の方向の地域社会づくりである。

†地域の「豊かさ」とは

いま「経済の地域内循環」というテーマにふれたが、先ほどの荒川区の「ＧＡＨ」の試みとも関連する問いとして、そもそも地域の「豊かさ」とは何を意味するのだろうか。

思えば、「地域再生」や「地域活性化」ということが活発に論じられるようになって久しいけれども、地域再生や地域活性化という場合の「再生」とか「活性化」とはどのような内実のものだろうか。実はこの点が非常に曖昧で、何をもって地域再生あるいは活性化と言えるのか、というそのこと自体が問われるべきテーマとなっている。

言い換えると、これまでの時代は、高度成長期を中心に地域の経済のパイが大きくなるとか、住民の一人当たり所得が増加するといったことがひとまずイコール地域の発展と考えられたが、現在のような時代においては、少子・高齢化や人口減少という構造変化を考えてもそうした目標は妥当性ないし現実性が弱くなり、また、先の「幸福」に関する議論からも示されるように、単純に経済関連の指標が大きくなれば人々が幸せになるという時代ではなくなっている。

では地域の「豊かさ」とは何であり、また「地域再生」や「活性化」という際の基準は何だろうか。今回の調査では、こうした点に関して、「今後の地域社会の目標あるいは行政運営に関する指標となるもののうち、特に重要と考えられるもの」は何かという設問を設けたが（二つまで複数回答可）、その結果は多い順に示すと以下のようなものであった。

①住民の主観的満足度の上昇　393
②地域における人々のつながりや交流等に関する指標　221
③人口水準の維持や世代間構成のバランス　167
④地域での経済成長に関する指標（住民一人当たり所得の増加など）　126
⑤経済の地域内循環に関する指標　44
⑥食糧やエネルギー面での自立性ないし持続可能性　38
⑦貧困・格差や失業率に関する指標　29

このように、「住民の主観的満足度の上昇」が一位で、ある意味でこれは「GAH」的な発想ともつながるものだ。人口規模別に見ると大都市圏で特にこの点を重視している傾向が見られたが、大都市圏—地方都市—農村部を通じていずれも一位だった。続いて多いのが「地域における人々のつながりや交流等に関する指標」で、これもソフト面ないし主観的な要素に関するものである。前節の表2-1でもふれた、コミュニティの質に関するソーシャル・キャピタル（社会関係資本）的な指標と言える。

これらに対し、「食糧やエネルギー面での自立性ないし持続可能性」や「経済の地域内循環に関する指標」を挙げる市町村は概して少なかったが、しかし先述の〝地域内部で循環する経済〟という観点からすると、これらの指標や観点は今後非常に重要な意味をもってくるのではないだろうか。先ほど紹介したイギリスでの「地域内乗数効果」の考え方や日本の一部の自治体での先駆的取り組みなどを参考にしながら、いわゆるヒト・モノ・カネが内部で循環するような地域社会に関する指標づくりやその共有、浸透が課題になっていると思われる。

ちなみに食糧やエネルギーの自給度に関しては、環境政策学者の倉阪秀史が「永続地帯」という指標を提案し、現在の日本の各地域（都道府県・市町村）での具体的な状況をマップとして毎年提示している。それによれば、エネルギーに関しては日本全体でのエネルギー自給率は四％台に過ぎないが、都道府県別に見ると一〇％を超えているところが六つあり、ベスト5は①大分県（二五・二％）、②富山県（一六・八％）、③秋田県（一六・五％）、④長野県（一一・二％）、⑤青森県（一〇・六％）となっている。大分県が群を抜いて高いのは、温泉の存在からわかるように地熱発電が大きいことによる。富山県や長野県などは小水力発電が大きい（馬上［二〇一〇］）。

自然エネルギーというと一般には風力や太陽光をまず連想しがちだが、地熱発電や小水力発電といった、日本の風土や自然条件にあった自然エネルギーの活用や政策的支援を展開していくべきだろう。このことは、今回の東日本大震災や原発事故の教訓からも、特に重要になっていくと考えられる。

†問題の多様性と「空間的な解決」

いま「地域の豊かさ」やその意味、指標といったテーマについて論じているが、具体的な問題のレベルにそくして見ていった場合、地域再生をめぐる課題と一口に言っても、それは地域によってきわめて多様である。こうした点に関し、「貴自治体において現在直面している問題ないし政策課題で、特に優先度が高いと考えられるものを以下のうちからお選びください。」(三つまで複数回答可)という設問に対しては、全国の市町村の合計では図2-7のような結果が示された。

この全体集計を見る限り、「少子化・高齢化の進行」と「人口減少や若者の流出」が特に多くなっている。しかしこれを市町村の規模別で集計するとかなり様相が異なって見えてくる。図2-8をご覧いただきたい。

図2-8を見ると、「地域再生」をめぐる課題が、各地域の性格によって大きく異なること

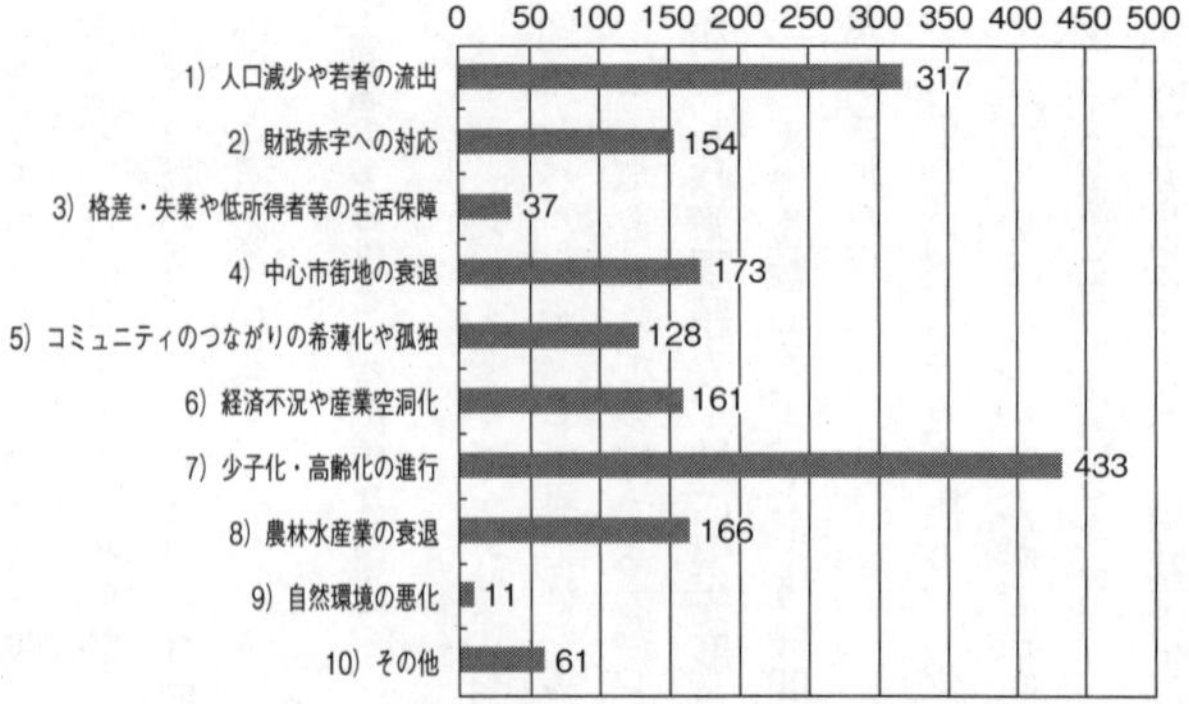

図 2-7　地域における特に優先度の高い政策課題

が明瞭に示されている。大きく言えば、

・「人口減少や若者の流出」は、圧倒的に小規模の市町村（＝地方の中小都市や農村部）において大きな問題となっており、

・逆に大都市圏では、「コミュニティのつながりの希薄化や孤独」が上位の課題であり、また「格差・失業や低所得者等の生活保障」もかなりの多数にのぼっており、

・中堅の地方都市などでは、「中心市街地の衰退」が特に大きな課題となっている。

という傾向であり、ある意味でこれは予想されるパターンとも言えるだろう。

一方、「少子化・高齢化の進行」はあらゆる規模の自治体を通じて共通する最重要課題となっている。な

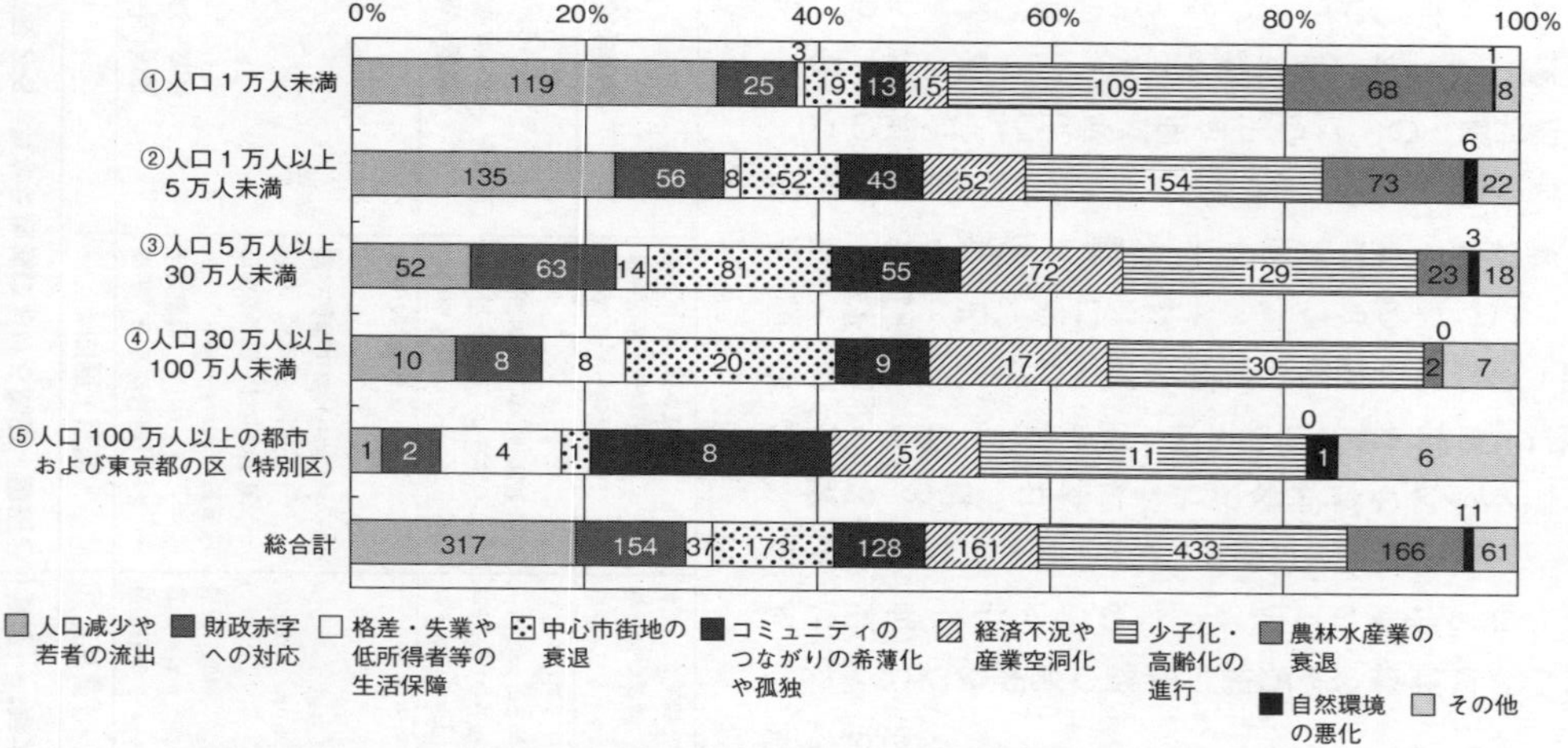
0%
20%
40%
60%
80%
100%
①人口1万人未満
119
25
3
19
13
15
109
68
1
8
②人口1万人以上
5万人未満
135
56
8
52
43
52
154
73
6
22
③人口5万人以上
30万人未満
52
63
14
81
55
72
129
23
3
18
④人口30万人以上
100万人未満
10
8
8
20
9
17
30
2
0
7
⑤人口100万人以上の都市
および東京都の区（特別区）
1
2
4
1
8
5
11
0
1
6
総合計
317
154
37
173
128
161
433
166
11
61
人口減少や若者の流出
財政赤字への対応
格差・失業や低所得者等の生活保障
中心市街地の衰退
コミュニティのつながりの希薄化や孤独
経済不況や産業空洞化
少子化・高齢化の進行
農林水産業の衰退
自然環境の悪化
その他

図2-8　地域における特に優先度の高い政策課題（市町村人口規模別）

表2-3　異なる地域における問題・課題と「資源」・“魅力”

	問題・課題	「資源」・“魅力”
A　大都市圏 （中心部－郊外）	格差、社会的排除、失業（←生産過剰） コミュニティの不在、孤独 劣悪な景観、自然の不在 過労、ストレス 長い通勤距離（←スプロール化） 劣悪な住環境	経済活力 文化やファッション 情報、知識
B　地方都市 （人口数万～数十万程度）	中心部空洞化 製造業（工業）の衰退 景観破壊や虫食い的開発	ゆとりある空間や働き方 比較的広い住空間 一定のコミュニティ的紐帯 自然との近さ
C　農村地域	人口減少（～限界集落） 若者流出、高齢化 雇用減少、経済衰退	自然 食料等の資源 ゆっくりと流れる時間

お農村部を中心とする小規模町村では、当然のことながら「農林水産業の衰退」も優先度の高い課題である。

こうした各地域の課題の相違や多様性について、私は以前、表2-3のような形での整理を行ったことがある（広井［二〇〇九b］）。

表2-3は、日本における各地域を大きく三つのグループ（大都市圏—地方都市—農村地域）に区分した上で、それぞれの地域が直面している「問題・課題」と、逆にポジティブなものとしてとらえるべき「資源・〝魅力〟」を簡単にまとめたものだ。

この場合、高度成長期を中心に、C（農村部）↓B（地方都市）↓A（大都市圏）がより〝優れた〟あるいは〝進んだ〟ものとされ、まさにこの方向に向けた〝人口大移動〟が行われてきたのが戦後の日本だった。言い換えれば、この三者の関係は空間的なものであると同時に〝進んでいる—遅れている〟という時間軸とも重なるものだった。そしてそれは、「経済成長によって人々は豊かになる」という、時間的な上昇のビジョンともそのまま対応していた。

もっと具体的なレベルで言うならば、たとえば首都圏のサラリーマンの生活が、ラッシュアワーの異様な混雑と長い通勤時間、長い労働時間と残業、良好と言えない住環境等々といった多くの負の要素に満たされたものであったとしても、やがてそれらはマクロの経済成長あるいは個人レベルの所得の向上によって改善・解決していくものであり、それに至るまでの（我慢すべき）手段的なプロセスとして甘受されてきたのである。

しかしながら表2-3に示しているように、そうした解決の方向——いわば「時間的な解決」であり、〝成長による解決〟とも呼びうるもの——が、実はそのような路線を続けていった先にも必ずしも実現するものではないということ、また、虚心坦懐《きょしんたんかい》に見るならば、「大都市圏—地方都市—農村地域」といった各地域は、それぞれが固有の問題・課題とともに独自の「資源」・〝魅力〟をもっており、一元的な座標軸の中で優劣を言えるものではないということに、人々が気づき始めているのが現在ではないだろうか。

それは「時間的な解決」に対比して言えば「空間的な解決」、つまり単一の方向への「成長」によってすべて物事を解決しようとするのではなく、各地域の固有の資源や価値、伝統、文化などを再発見し生かしていく中で様々な生活の充足を得るという方向である。

　同時にもう一つ重要なのは、それは決して〝変化のない退屈な〟営みではなく、次のような意味でむしろ創造性に満ちた作業であるという点だ。

　すなわち「成長」の時代においては、人々は時間軸に沿った〝変化〟に関心を向ける。変化とは「時間的な多様性」ということである。といっても実際には、それは第1章でも述べたように大きく見れば「市場化―産業化（工業化）―金融化」といった単線的なベクトルに沿ったもので、見方によっては決められた〝上昇のレール〟の上を邁進するという性格をもっていた。

　これに対し、先ほどから述べている「空間的な解決」の時代においては、時間軸上の変化もさることながら、各地域の風土や文化、伝統といった、「空間的な多様性」に人々の関心が向かうことになり、またその「豊かさ」を享受するようになる。しかもそうした「空間的な多様性」は、〝進んでいる―遅れている〟といった一元的な座標軸の上に位置づけられるものではなく、それぞれが固有の価値を主張するような性格のものである。

　そうした各地域の独自の価値を再発見し、それを発展させていくという営みは、先の「市場化―産業化（工業化）―金融化」といった大きなベクトルに沿った変化、つまり経済成長という方向の決まった路線の上を走ることよりも、ある意味ではるかに「創造的」と言いうるのではないだろうか。

†地域の「自立」とは――不等価交換と再分配

　ここで、地域の「自立」ということの意味についてさらに考えてみよう。

　そもそも地域の「自立」とは何だろうか。単純に考えれば、ある地域が他の地域に〝依存〟することなく存続していけるという意味であり、物質的な面では、食料やエネルギーなどの〝自給自足〟ということが浮かび上がる。あるいはまた、経済面や財政面において、他の自治体や国の支援を受けることなく存続していけるといった意味だろう。

　しかしこうした意味での「自立」が、現実的にはおよそ不可能に近いことは、少し考えてみれば明らかである。

　ここで「都市―農村」という切り口からこの問題を考えてみると、一般に都市というものは食料等の調達を農村から行っており、それが食料面で「自立」することはほとんど不可能である（余談めくが、私は横浜市の政策運営に多少の接点をもっており、同市は近年、域内での農地の再生や農業支援ということに力を入れ始めていて、それは様々な面で意義深いことと思うが、かといって横浜市が食料をすべて域内で自給するのは困難だろう）。

　つまり都市と農村というものは互いに切り離されて、あるいは孤立して存在するのではなく、相互に依存した一つの〝システム〟をなしている。

そしてこの限りで言えば、あえて単純化するならば、〝農村は都市なしでもやっていけるが、都市は農村なしではやっていけない〟というのが基本的な構造である。すなわち都市は農村に〝依存〟している。

読者の中にはお気づきの方もいるかもしれないが、実はこの関係はいわゆる「先進国」と「途上国」――私はこの表現をあまり好まないが――の関係によく似ている。一見、「先進国」のほうが〝進んで〟おり、さらには「途上国」のほうが先進国の〝援助〟を必要としているように見える。しかしそれはむしろ全く逆であって、歴史の展開を見れば明らかなように、実は「先進国」の側こそが、「途上国」の存在を常に必要としてきたのである――①最初は自然資源の調達先として、②続いて商品の販売先として、③さらに工場移転など資本の投資先として。それは言い換えれば、「市場経済」の網の目（あるいは資本主義というシステム）の中に途上国を〝巻き込んでいく〟プロセスでもあった。したがって、大きな債務を抱えた途上国の「（経済的）自立」といった課題が論じられてきたわけだが、物質循環（マテリアル・フロー）から見れば〝依存〟しているのはむしろ先進国ということになる。

もう一つ重要なポイントがある。以前の拙著（『グローバル定常型社会』）で詳しく論じた点であるが、農村と都市との間には、ある種の「不等価交換」のメカニズムが働いている。これは、単純に言えば農産物など「自然の価値ないし価格」が、その本来の価値に比べて低く評価されているという点である。その理由は、私の理解では、市場経済というものは速度（スピード）が重視され、また財やサービスの価値を「短期的」な観点からのみ評価するが、自然は農産物を含めて「長い」時間軸の中で――持続可能性ということを含めて――評価されるべきものであり、そうした自然の有する価値が市場経済においては十分に評価されえないという構造にある。

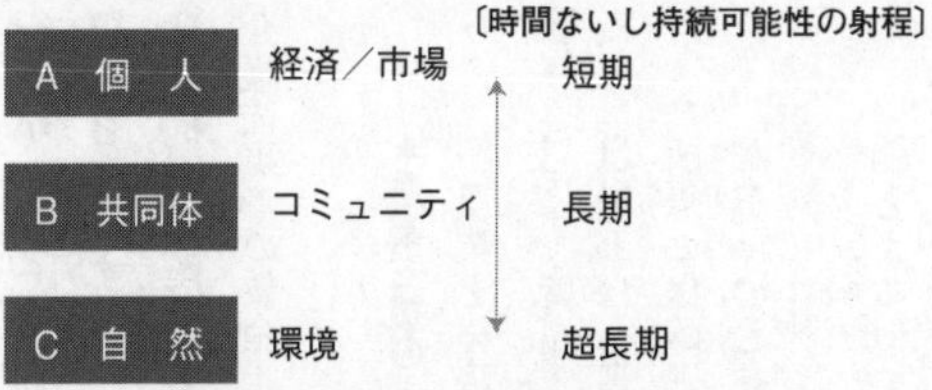

図 2-9　自然―共同体―個人と時間

こうした「不等価交換」のメカニズムは、いま述べた「自然」に限らず、「コミュニティ」に関することにも言えるだろう。たとえば介護というものは、もともと家族やコミュニティの中で行われるもので、相互扶助を含む長期にわたる関係性のもとでなされてきたものである。ところが、それを個々の行為に分解して切り離し、市場経済の枠組みの中に乗せると、どうしてもそうした「ケア労働（ないし介護労働）」は、短期の効用のみに着目して評価されるので、低く評価されてしまう（図2-9参照）。

したがって、「自然」や「コミュニティ」に関する財やサービスは、何らかの形でその価格づけ（pricing）を是正し、本来の価値を実現させる必要がある。具体的には、その価格づけ自体を公的な制度の中で行うか（たとえば介護保険制度における介護報酬の引き上げ）、あるいは何らかの「再分配」の仕組みを導入することである（たとえば各種の農業補助金や農家に対する所得保障など）。実は第1章で提案した環境福祉税（環境税を導入してその税収を介護にあて、ケア労働の評価の改善を通じ介護従事者の賃金上昇を図る）は、こうした観点からも意義をもつと考えられるのである。

＊農業支援のあり方をめぐって――生産価格支持か〝農業版ベーシック・インカム〟か

農業を経済面で支援する政策としては、大きく(a)農産物の価格維持政策と(b)農家への直接支払い政策の二者がある。戦後日本でとられてきた米価政策は前者の一典型であり、逆に(b)はいわば〝農業版ベーシック・インカム〟とも言える性格のものである。(a)と(b)の違いは、所得の保障ということを「生産」と連動させて行うか切り離して行うかという点であり、したがってこれは福祉国家・社会保障ないし雇用政策における「ワークフェア（ないしアクティベーション＝積極的な雇用創出と結びついた生活保障）かベーシック・インカムか」という議論とよく似ている。

読者の中には意外に思われる方もいるかもしれないが、ベーシック・インカムにも似た(b)のような政策は、農業における生産活動の内容に直接介入せず、したがって市場に対して中立的であるという理由で、新古典派経済学が相対的な支持を与えてきた政策である（この論点と戦後日本の産業政策との関わりに関する興味深い論考として村上［一九九四］）。

二〇〇九年にOECDが日本の農業政策の評価と提言に関する報告書を公表し、そこでは日本における農業の「生産者支持」が(a)に偏っており、より「効率的」な(b)の比重を高めるべきとの指摘がなされたが、その一つの理論的な背景は新古典派的なパラダイムである(マルティーニ［二〇〇九］)。もう少し正確に記すと、新古典派経済学は経済活動ないし資源配分を最大限市場に委ねることを是とするので、その本来の理念からすれば農業という特定の領域への公的支援そのものに懐疑的なわけだが、かりに一定の農業支援を行うことを前提にする場合、価格維持政策よりも直接支払いのほうが相対的に好ましいと考えるのである。

ただし、実際ヨーロッパにおいて(b)のような農家への直接支払い政策が広く行われているのは確かだが、その理由は必ずしも上記のような新古典派経済学的枠組みに由来するものではない(ベーシック・インカムが〝右派〟(ここでは市場主義)と〝左派〟の両者のそれぞれ一部から支持されるのと同じである)。また(b)の政策は、農家ないし農業従事者に対してなされるという意味では、農業という生産活動ないし労働と連動しており、純然たるベーシック・インカムというより、いわゆる「参加所得(何らかの活動への参加を条件にして所得保障を行う)」に近い面をもっている。いわば〝農業版参加所得(ないし農業参加所得)〟と呼びうる性格のものである。

こうした農業支援政策の方法をめぐるテーマは複雑な要素を含み、単純に一つの結論を導くことは難しい。先に述べた不等価交換論の考え方からすると、農産物の価格維持政策は正当な根拠をもつと考えられ、また労働や生産活動ともリンクしているのでより望ましいと言える。ただし直接支払い制度も、結果として農産物の不等価交換の是正につながり、また上記のように農業という生産活動とのつながりが維持されているので活用されてよいだろう。いずれにしても、先に指摘した不等価交換の是正という観点からも、農業に対する再分配ないし支援政策が強化されるべきである。

さらに農業ではないが、先にもふれた自然エネルギーの導入や自給等を行おうとしている者や自治体に対して何らかの支援策——ヨーロッパで行われているような電力の固定価格買取り制度か、何らかの形での直接支払い制度のような所得保障——を行うことが同様の重要性をもち、それは地域再生の観点からも意義をもつだろう。

†「プレ市場」と「ポスト市場」

議論の射程をさらに広げると、ここで私は「プレ市場」と「ポスト市場」とも呼ぶべきコンセプトが重要になるのではないかと考えている。

「プレ市場」とは文字どおり〝市場以前（市場経済が浸透する以前から存在している領域）〟という意味で、この場合「農業」がひとつの典型である。「ポスト市場」とは、逆に市場経済が大きく展開していった先に、市場経済が飽和していく〝後〟に生成する領域のことであり、第1

章の議論とも関連するが、コミュニティや自然などに関する様々な活動やＮＰＯなどの非営利的な事業等が広く含まれる（＝「市場経済を超える領域」）。先ほど言及した介護、あるいはより広く「ケア」に関わる領域や、環境関連の分野などはこうした「ポスト市場」の典型例だろう。

そしてここで重要な点は、こうした「プレ市場」や「ポスト市場」の領域は、まさに市場経済に還元できない性格をもつがゆえに、市場においては「低く」評価されるという点である。これは先の「不等価交換」と実質的に同じことであり、したがってこれらの領域については、市場経済に委ねるのみでは不適切であり、何らかの公的な政策やシステム（先ほど指摘した公的な価格設定や再分配など）が重要になる。

このように、「農業」と「介護（あるいはより広くケア）」という分野は一見何の関係もないように見えるが、意外な共通性をもっている。

ちなみに、英語の「文化 culture」や「耕す cultivate」の語源はラテン語の動詞 colere（耕す）で、その原義は「世話をする」であり、まさに「ケア」と重なる（伊東［一九八五］参照）。つまり「自然の世話をする」のが農業であり、「心の世話をする」のが文化であり、高齢者などの世話をするのが介護であり、これらは共通の根を有している。それらは単純に市場経済に委ねるべきではない領域であり、何らかの公的な支援策が必要である。

都市と農村という話題に戻ると、まさに不等価交換の是正という観点から、都市と農村の間を調整する公的な仕組みが求められる。都市と農村は相互に依存する関係にあり、それぞれを孤立させて考えるのは間違っている。そうした不等価交換の是正策があってこそ、都市と農村は互いに依存しつつ全体が一つのシステムとして「自立」できるのであり、この場合「自立」とは「持続可能性」という意味において理解されるべきだろう。

思うに戦後日本の場合、農村から都市へ大きな人口の流入があり、また都市が無際限にスプロール化(周縁部に拡散)しョーロッパのような都市と農村の明確な境界がなかったりするので、他国に比べて都市と農村の関係は「連続的」であるようにも見える。しかし実際には、〝工業化〟の路線をひた走り、事実上農業という分野を脇に追いやり、食料は国内の農村よりも海外から調達するようになっていったため、以上のような本来の意味での「都市と農村の相互依存関係」というものが忘れ去られてきたのではないだろうか。

議論がやや理念的になったが、少し現実とのつながりを見るために、今回の調査での「今後の地域再生・活性化において特に鍵となるポイントは何であるとお考えでしょうか。以下のうちからお選びください。」(三つまで複数回答可)という設問に着目してみよう。その回答を市町村の規模別にまとめたのが図2-10である。

設問に対する回答全般という面では、「住民の愛郷心や地域コミュニティへの帰属・参画意識」が一位で、「若者や地域の人材の定着ないし積極的活用」が二位になっていること等が興

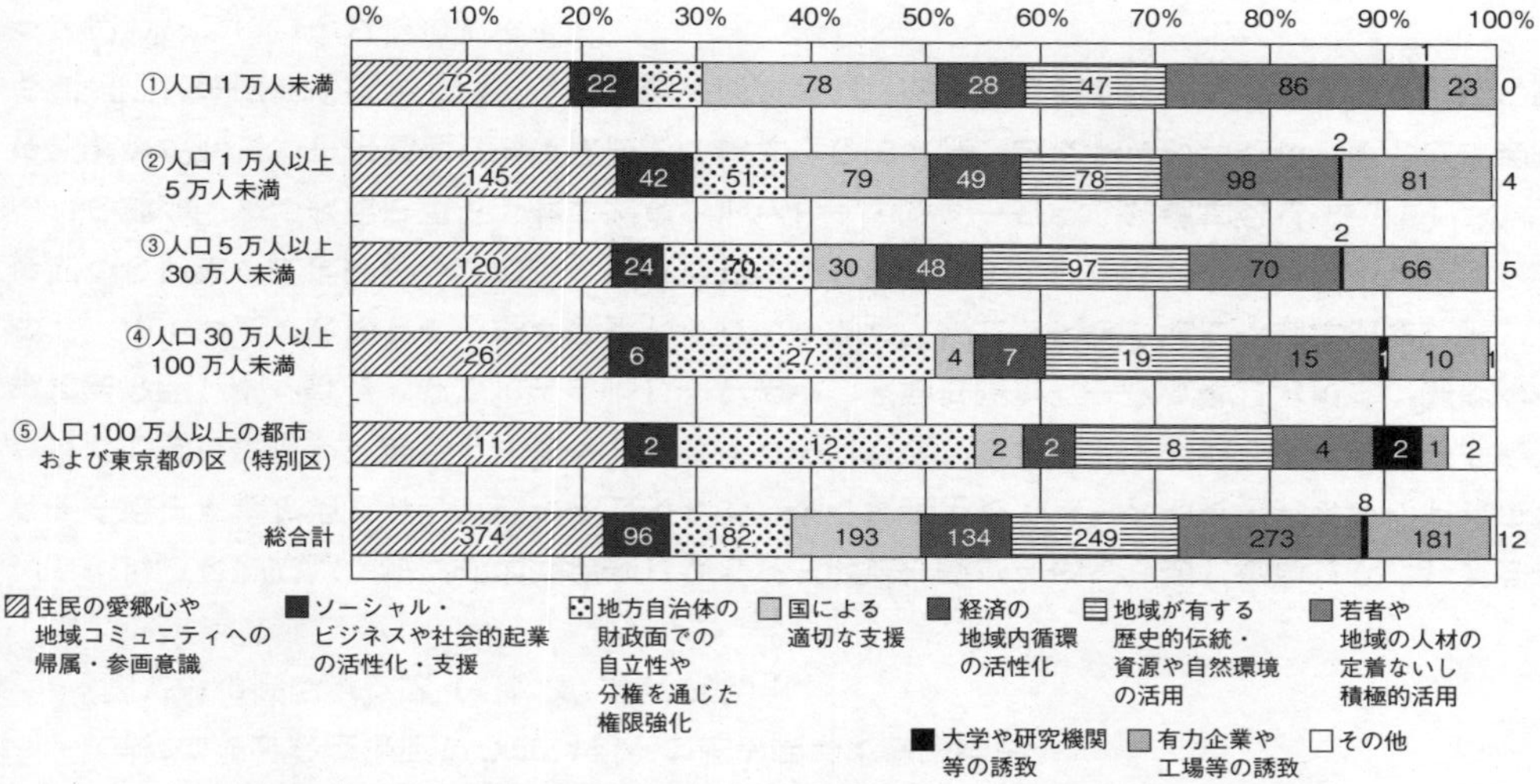

図2-10　今後の地域再生・活性化において特に鍵となるポイント（市町村規模別集計）

味深いのだが、ここで注目したいのは、

・「地方自治体の財政面での自立性や分権を通じた権限強化」
・「国による適切な支援（交付税、補助金等）」

という二つの選択肢を見た場合、前者については大都市圏ほど多く、逆に後者については地方の中小都市や農村部においてほど多いという、全く対照的なパターンとなっている点である。これはある意味で、地域の「自立」ということについての見方が、大都市圏と地方中小都市、農村部の間で全く異なっているということである。大都市圏は、中央政府による再分配等をきらい、そうしたものをできる限り撤廃することを望む。逆に地方中小都市や農村部は、国による何らかの支援や再分配等が「自立」につながるとする。

この場合、もし大都市圏が、食料等のマテリアル・フローにおいて農村部に「依存」している状況を見ずに、中央政府による都市から農村への再分配に反対するとしたら、それは先進国が途上国に事実上「依存」している状況を無視して、途上国の債務問題を批判するのと同じ誤りを犯していることになるだろう。

私は先述の拙著『グローバル定常型社会』において、地球社会の今後のありようとして、それを純化して整理すると以下の三つのモデルがあると論じた。

(a)　世界市場モデル
(b)　世界市場プラス再分配モデル
(c)　小地域自給モデル

そして今後の方向として、"(b)と(c)の何らかの組み合わせ"が基本となると考え、それを「地域自給プラス再分配モデル」と呼んだ。この意味は、まず基本的なスタンスとして(地球上の)各地域ができる限りその内部で「自立」的な経済社会やコミュニティを営むようにしつつ、ただしそれらが市場経済ないしグローバル化を通じて相互依存的なシステムに入っていくその限りにおいて、そこで生じる「不等価交換」や格差を是正するような公的な政策や仕組みを導入していく、という内容だった(たとえばグローバル・タックスなど地球レベルでの再分配のシステムなど)。

ここでの議論の流れを踏まえると、まさにこうした地球レベルでの方向性(地域自給プラス再分配モデル)が、他でもなく日本という一国の中でもあてはまると考えられるだろう。

つまり、本節の前の部分で述べたように、できる限り「内部で循環するような経済」をローカルな地域の足元から積み上げていくことが基本となる。しかしそれぞれの地域は互いに孤立して存在しているのではなく、様々な相互依存のシステムの中にあるので、その関係性の度合いに応じて、先ほど「不等価交換」にそくして論じたような、国ないし中央政府による様々な政策（価格設定の是正や再分配）が同時に重要になるのである。

†地域レベルでの「高福祉・高負担vs低福祉・低負担」という新たな対立軸

以上述べてきたように、今後は市町村などローカルな地域をユニットとした様々な活動や対応が重要性を増していくが、ここで最後に浮上してくるもう一つの重要な論点ないし対立軸がある。それは地域のレベルで「高福祉・高負担」型の社会と「低福祉・低負担」型の社会のいずれを志向するのかというテーマだ。

あらためて確認するまでもなく、「高福祉・高負担（公的な福祉サービスないし社会保障が充実しているが、そのぶん税などの負担も高い）」か「低福祉・低負担（公的な福祉サービスは手薄だが、逆に税などの負担も小さい）」かという選択は、社会保障あるいは福祉国家、ひいては社会全体のあり方を根本において規定する対立軸であり、特に第二次大戦後のヨーロッパやアメリカにおいて、二大政党制ないし政権交代の中心的な争点をなしてきた。それは「平等」と「自由」のいずれに優先順位を与えるかという論点とも重なり、実質において〝富の（再）分配〟をどのように行うかという選択を意味していた。

しかしながら日本の場合は、九〇年代頃に至るまで高い経済成長が維持され、いわばパイの拡大によって分配の問題がある程度解決されるという状況にあったため、こうした対立軸が前面に出ることがなく、一党独裁的な政治システムが続いていた。けれども九〇年代頃から経済の低成長時代に一気に突入し、従来のような〝分配の問題を経済成長によって解決する〟という対応の限界が明らかになってくる中で、二〇〇〇年代に入り年金など社会保障をめぐる問題が国政の中心的な争点になるに至り、結果として二〇〇九年に初めての政権交代がなされたりしたのである。

ここでのポイントは、今後は自治体のレベルにおいても、こうした「高福祉・高負担か低福祉・低負担か」という分配をめぐる対立軸が、正面から議論すべき大きな争点になっていくということである。

その理由は、もちろん本節で論じてきたローカル化ないし分権化という構造変化が背景にあるが、それにもう少し実質的な状況も加わる。図2-11をご覧いただきたい。

これは「地域の活性化を図っていくにあたり特に重視している分野」(三つまで複数回答可)を問うた設問への回答であるが、「福祉サービスの充実」が全市町村を通じてもっとも多く、重視する課題として挙げられていた。もちろんこれは急速に進む少子・高齢化を反映したもの

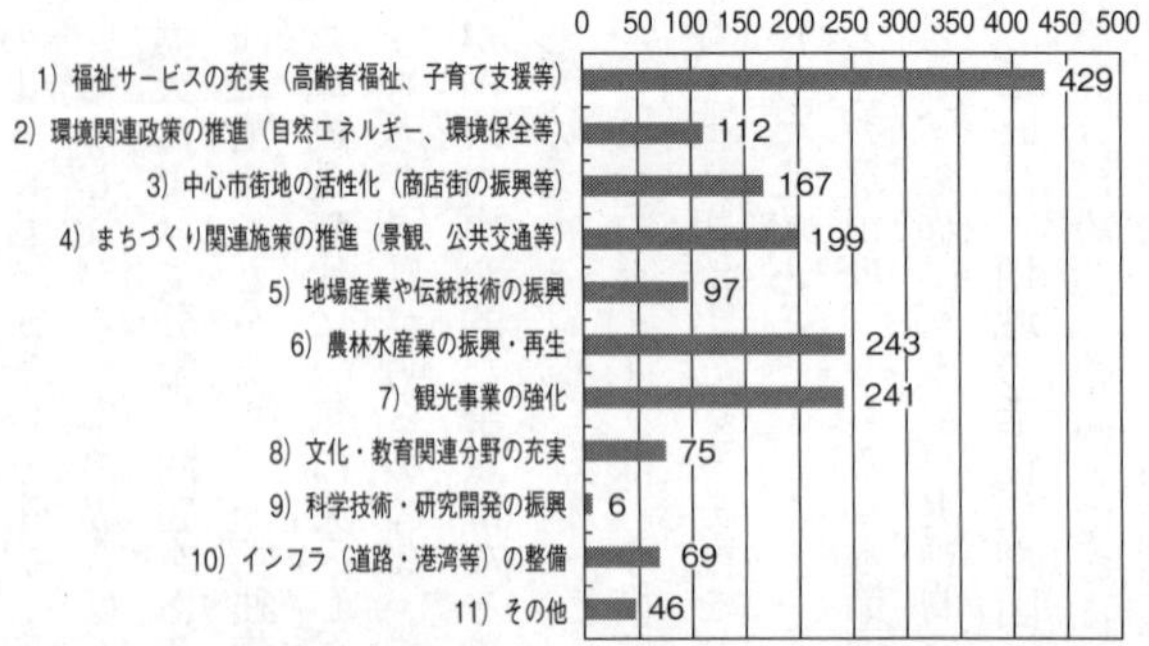

図 2-11　地域の活性化を図っていくにあたり特に重視している分野

である（なお、集計を市町村の規模別に見ると、「環境関連政策の推進」は大都市圏において多く、「中心市街地の活性化」は中規模の地方都市が中心となっており、また小規模町村では「農林水産業の振興・再生」が上位を占めていた）。

　言うまでもなく福祉サービスは、環境分野などと並び、サービスの性格自体が地域に密着した「ローカル」なものであり、その規模や中身を含め、それをどのような形でまかなうか（同時に、そのための費用を住民の間でどのように負担ないし拠出しあうか）は、最終的に地域固有の判断に委ねられるべきものである。

　もちろんこうした福祉ないし社会保障の領域は、特に第二次大戦後ないし二〇世紀後半の福祉国家の展開の中で「国家」が大きく引き受けていったのであるが、第1章でも述べたように、今後はそうした役割が地域の自治体に順次シフトしていくことになる。そうなると、「高福祉・高負担か低福祉・低負担か」という、国家のレベルで争点とされてきた対立軸が、今後はローカルなレベルに次第に移行しそこで展開していくことになる。
ここで第1章の図1-2をもう一度ご覧いただきたい。このピラミッドの図にそくして、資本主義における政府部門の介入が、事後的な貧困救済策（生活保護）→社会保険→ケインズ的な雇用創出政策という具合に進化してきたという点を述べたが、実はこの一連のプロセスとは、国家あるいは「中央政府」の活動領域が、その財政規模を含めて順次拡大してきた歴史でもあった。

それが、同図のピラミッドの頂点のさらにその上（もっとも上流ないしシステムの根幹にさかのぼった社会化）において〝反転〟し、コミュニティという存在が重要なものとして浮上する。そして、これからの時代はここを起点にして、ローカルな地方政府が主体となり、いわばピラミッドを上から下にたどる形でその活動領域が広がり、中央政府ないし国家から役割が順次シフトしていくことになる（当初は地域コミュニティやそこでの社会サービス、雇用などに関する政策、やがて社会保険、究極的には最低生活保障に関することも地方自治体の役割になりうる）。こうした視点からも、ローカルな自治体の役割が重要になっていくと考えられるのである。

†自治体レベルで「税を問う」議論を——単純な公的サービス削減への疑義

ではこの問題について現在の自治体はどのように考えているのか。調査ではこの点について、

「『高福祉・高負担か低福祉・低負担か』という対立軸があり、これは主に国政について論じられてきましたが、今後は分権化が進む中で地方自治体についてもこうした対立軸が浮上していくことが考えられます。その場合、これからの貴自治体（行政）のあり方として、以下のうちいずれの方向が基本となるとお考えでしょうか」という問いを設けてみた。

この論点も、単純な二者択一は困難なので、市町村全体の集計では「いずれともいえない」が最多数（全体の五六・六％）だったのは予想したとおりだが、「どちらかというと『高福祉・高負担』」の方向が意外に多く（三二・二％）、「どちらかというと『低福祉・低負担』」（五・七％）を大きく上回っていた。

この点を自治体の規模別に集計したのが図2-12だが、これには興味深い傾向が含まれている。すなわち、今述べたように「どちらかというと高福祉・高負担の方向」は予想より多くを占めるのだが、それは特に中規模以下の市町村で多かったのである。

おそらくこの一つの理由は、これらの市町村――実質的には地方の中小都市や農村部――の場合、何より高齢化の進行が特に大きく（また若者も流出しており）、「高福祉・高負担」型の方向になっていかざるをえないという点にあると思われる。他方、大都市圏では「高福祉・高負担」派は少なく、「どちらともいえない」が圧倒的多数だが、この背景には現在の財政難の状況があるだろう。

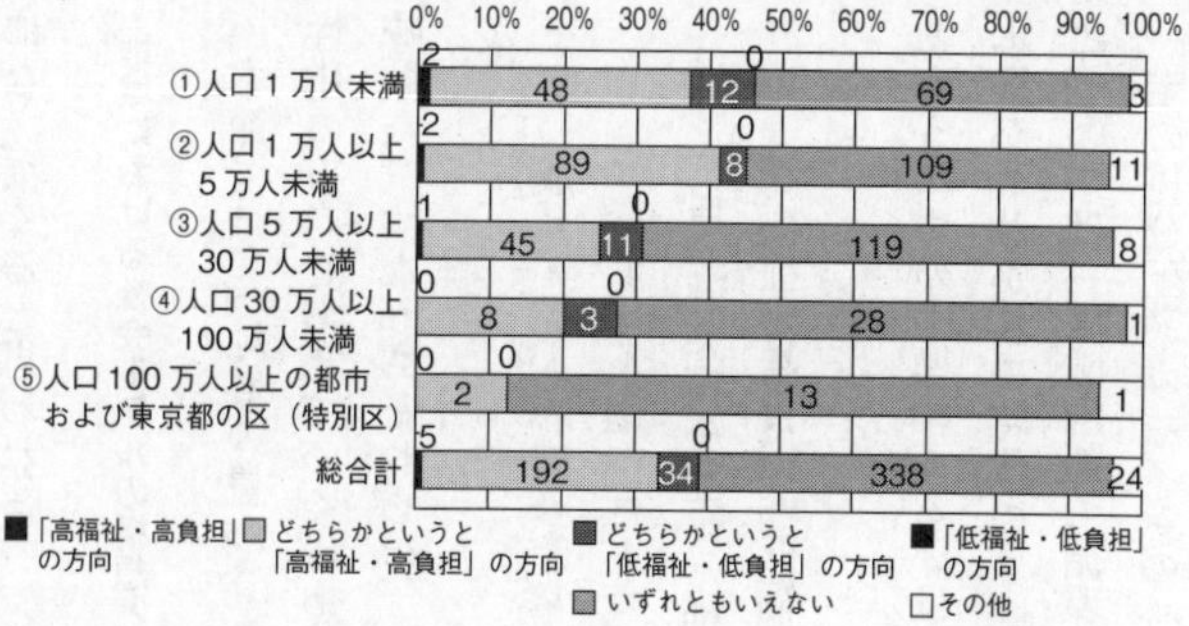

図2-12 「高福祉・高負担」か「低福祉・低負担」か――今後の方向

しかし私が若干危惧するのは、現在の日本の多くの都市において、増税などの「負担増」の議論を当初から避けて、既存の税収の枠内で物事を進めるという発想が強く――ある意味でそれは税収が自然に伸びていた高度成長期の発想の延長と言える――、結果的に福祉や医療などの公的サービス削減の方向に単純に向かう傾向が見られることである。

こうした傾向はいわゆる〝小泉改革〟以降特に顕著であり、もちろん財政の無駄をなくし「効率化」を図ることは重要だが、そもそもローカルな自治体のレベルで「高福祉・高負担か低福祉・低負担か」という争点を論じる土壌そのものがまだ確立しておらず、結果として公的サービスの削減が先行してしまうという状況があるのではないか。

イギリスにおける議会政が「税のあり方とその使途」をめぐって生成・発展したように、ある意味でこうした争点は「住民自治」や民主主義の根幹に関わるものであり、今後はまさにそうした議論がローカルな地域のレベルで重要になってくると思われる。

†地域における社会モデルの構想と政策展開の重要性

本節では、「地域の豊かさとはそもそも何か」という問いを掲げ、これからの地域再生や活性化の方向を考えていくにあたり、重要と思われる次のような論点ないし座標軸を取り上げ吟味した。すなわちそれらは、

(1) 成長・拡大志向vs定常志向――地域社会の「規模」をめぐる課題
(2) グローバル化vsローカル化――他の社会との関係①(自給と分業をめぐる役割分担)
(3) 「自立」vs再分配――他の社会との関係②
(4) 高福祉・高負担vs低福祉・低負担――地域社会の「分配」めぐる課題

という四つの座標軸あるいは課題である。そして個別の論点にそくしながら論じてきたように、本書がこれからの時代の基調になるものとして提案するのは、(1)については「定常志向」、(2)については「地域内部で循環する経済」という、ローカル化を基本とする方向、(3)については一定の再分配メカニズムの必要性、(4)については(少なくとも現在よりも)「高福祉・高負担」

の方向である。

もちろん、地域の再生や活性化という主題は、ひとえにそれぞれの地域の具体的な状況や自然環境、産業構造、歴史、文化等々を踏まえながら、各地域固有のかたちで個別に構想しまた実践していく以外ない。

しかし同時に、これまでもっぱら国（ナショナル）レベルで考えられてきた社会モデルの構想や政策等を、今後はローカルな地域レベルで展開していく必要があり、だとすれば、個々の実践や政策のベースあるいは参照軸となるような、ある種の普遍的な考え方の枠組み、理念、理論といったものが重要になってくることも確かである。本節はそうした方向に向けての試みであり、なお初発的な段階にとどまっているが、今後具体的な事例の分析や集積、また個別の実践とともに深化していきたい。

†「地域総合プランナー」の必要性

以上とも関連し、最後に指摘しておきたい点が、分野横断的な「地域総合プランナー」ともいうべき人材ないし主体の重要性である。

世の中には福祉、環境、まちづくり、経済・産業振興、教育、文化等々といった様々な領域があり、こうした領域に応じて、たとえば国の官庁も様々な省庁に分かれている。しかしながら、とりわけ地域のレベルで物事を考えていく場合、以上のような領域は相互に深く関連し重なり合っており、それらを別々に考えることはほとんど不可能である。

たとえば本章の1でも述べたように、ある地域の商店街の再生や振興策を考えていくことは、中心市街地活性化や雇用創出といった「経済」の問題であるだけでなく、それは買い物難民の減少やコミュニティづくり、高齢者や保育の場といった「福祉」の問題であり、またまちづくりや都市計画や住宅政策、交通政策等に関わる問題であり、自動車交通の抑制、ガソリン消費減少といったことを通じた「環境」の問題である等々、異なる政策領域が不可分一体になっている。またこの場合、本章の中でも論じてきたように、「コミュニティ感覚」といった人々の意識やソフト面に関する視点と、まちづくりや住宅、交通等のハード面に関する視点の両方を含めた発想が重要になる。

こうした領域横断性や総合性が十分意識されて進められている例も見られるが、私の限られた経験や見聞を踏まえても、なお多くの場合、それぞれの個別の政策領域がタテワリで行われ、十分な効果が上がっていないことが広く見られる。こうした意味で、分野横断的でソフト・ハードの両面を包括的に見ることのできる「地域総合プランナー」ともいうべき人材や活動が求められている。

たとえば私自身が多少なりとも接点がある例では、建築士の人々の中で、「コミュニティ・

アーキテクト」という発想の重要性に注目する動きがある。これは建築を考える際に、個々の「単体」の建築物のみに着目するのではなく、地域の全体に目を向け、かつそのコミュニティとしての性格や人々の関係性といったソフト面、ひいては社会経済的状況（失業や雇用、貧困・格差など）にも配慮して地域の建築物等のデザインを行うという考え方だが、こうしたクロス・オーバーが様々な領域で活発化していくことが今後の大きな課題となるだろう。

もちろん、「地域総合プランナー」という仕事に関しては、各地域における自治体ないし行政は、当然こうした仕事の大きな一翼を担うものであり、かつこれまで以上にそうした役割が重要になるだろう。しかし組織的な問題から来るタテワリ性が依然残ることも確かであり、このテーマに限られるものではないが、①政府、②コミュニティ、③市場という三者のトライアングルの最適の組み合わせや連携を考えていくことが課題となる。

実際には各種のNPOやソーシャル・ビジネス、コミュニティ・ビジネス、企業、専門職等々といった多様な主体が重要な位置を占めることになるだろう。この場合、実践的な活動や事業の実施とともに、全国各地の地域再生に関する分野横断的な知見やデータベース等を有する主体（NPO、企業、研究機関など）の必要性も高まっていくと思われる。

†地域からの〝離陸〟と〝着陸〟

第1章でも述べたように、振り返れば「成長」の時代とは、GDPの拡大といった「大きなベクトル」が支配的となり、各地域が〝ひとつの方向〟に向かい、すべてが〝進んでいる―遅れている〟という一元的な座標軸に位置づけられるという、「時間」優位の時代であった。

私たちが迎えつつある成熟あるいは定常化の時代においては、人々はそうしたベクトルから解放され、むしろ各地域の風土・伝統・文化といった固有の価値や多様性に関心が向かうという、「空間」が前面に出る時代となる。それは飛行機にたとえると、市場経済の拡大とともに地域コミュニティや場所といったものから一貫して〝離陸〟してきた人々が、もう一度そうしたところに〝着陸〟していく時代でもあるだろう。

その兆しや様々な試みは、冒頭でふれた私の身近の若い世代の動きにも示されるように、あるいは各地での様々なNPOやソーシャル・ビジネスや社会起業家等々の試みに見られるように、すでに〝百花繚乱〟のように日本の各地で始まりつつある。

ここで私がふと思い出すのは、松任谷由実の（正確には初期の「荒井由実」時代の）セカンドアルバム『ミスリム』の冒頭に収められていた「生まれた街で」という曲の一節である。

「生まれた街のにおい　やっと気づいた
もう遠いところへと　ひかれはしない
小さなバイクをとめ　風を見送ったとき
季節がわかったよ」

本章で論じてきたように、大きな時代認識としては、グローバル化の先にローカル化という
より究極的な構造変化が存在すると考えるべきである。各地域における具体的な実践とともに、
そうした方向を支援する総合的な公共政策が求められている。

【第2章付論】地方の独自課税をめぐって

今後ローカルな自治体のレベルで「高福祉・高負担か低福祉・低負担か」という議論が重要となるという指摘を行ったが、この話題は、実質的には自治体ないし地域のレベルで独自の「財源」をどう調達するか、実質的には「税」をどのように設計するかという点に行き着く。

表2-4は、今回の全国自治体アンケート調査で示されたそうした独自の地方税の例であ

表 2-4　地方の独自課税の例（全国自治体アンケート調査より）

税の性格	レベル	具体的事例
森林税	都道府県	「秋田県水と緑の森づくり税」（平成 20 年度）、森林湖沼環境税（茨城県、平成 20 年度）、「とちぎの元気な森づくり県民税」（平成 20 年度）、長野県森林づくり県民税（平成 20 年度〔～24 年度〕）、森林（もり）づくり県民税（静岡県、平成 18 年度）、あいち森と緑づくり税（平成 21 年度）、琵琶湖森林づくり県民税（滋賀県、平成 18 年度）、県民緑税（兵庫県、平成 18 年度）、紀の国森づくり税（和歌山県、平成 19 年度〔～23 年度〕）、森林環境税（高知県、平成 15 年度）、森林環境税（佐賀県、平成 20 年度）、水とみどりの森づくり税（熊本県、平成 17 年度）、森林環境税（大分県、平成 18 年度）、森林環境税（宮崎県、平成 18 年度）、森林環境税（鹿児島県、平成 17 年度）
	市町村	横浜みどり税（平成 21 年度）
廃棄物税	都道府県	産業廃棄物税（新潟県、平成 16 年度）、産業廃棄物税（三重県、平成 14 年度）、山口県産業廃棄物税（平成 16 年度）、産業廃棄物税（福岡県、平成 16 年度）
	市町村	環境未来税（北九州市、平成 15 年度）
その他	都道府県	核燃料物質等取扱税（青森県、平成 3 年度）、核燃料税（福島県、昭和 52 年）、核燃料税（島根県、昭和 55 年度）
	市町村	狭小住戸集合住宅税（東京都豊島区、平成 16 年度）、入湯税（岸和田市、平成 14 年度）

る（ちなみに地方公共団体が地方税法の規定とは別に条例で独自の税を課す場合、①法定外普通税、②法定外目的税、③法定地方税に係る独自税率の設定の三者があるが、こうした地方自治体の課税自主権は地方分権一括化法〔二〇〇〇年四月施行〕によって大幅に拡大された）。

表2-4に示されているように、こうした地方の独自課税でもっとも一般的なのは森林税と産業廃棄物税で（地方環境税および地方における温暖化対策税について倉阪・藤生〔二〇一〇〕参照）、逆に言えば残念ながらそれ以上の地域の独自性や特徴はあまり見られない。また今回の調査結果を見ると、市町村レベルの場合、独自課税を行っている自治体は大都市圏に若干見られるものの全体としてはなおごく少数にとどまっている。

しかし今後はおそらく、財政的な規模において圧倒的に大きい福祉サービス関係等での地域独自の税の構想・検討ということが進められていくべきではないだろうか。なぜならそれが、本節の初めのほうで述べた、ローカル・レベルでの〝ケアの自給〟――つまり介護や保育などの様々なケアを、できる限り地域の中で提供し支え合っていくこと――にもつながるからである。

【原理軸】私たちは人間と社会をどのように理解したらよいか

第3章　進化と福祉社会――人間性とコミュニティの進化

†はじめに――「人間についての探究」と「社会に関する構想」をつなぐ

本書のこれまでの議論においては、今後の社会のありようを、資本主義の進化ないし定常型社会という視点を中心にその時間軸／歴史軸にそくして展望し（第1章）、またグローバル化／ローカル化と地域という視点を中心にその空間軸にそくして議論したが（第2章）、ここではそうしたテーマを考えるにあたってのより原理的な次元に目を向け、「人間についての探究」と「社会に関する構想」を交差させるような考察を展開してみたい。

そうした議論を行っていくにあたって、特に大きな柱となるのは以下のような三つの問題意識ないし関心である。

第一は、第1章の終わりで行った議論そして本書全体を貫くテーマである「創造的福祉社会」ないし「創造的定常経済システム」という主題に関するもので、人間の歴史を大きく展望した時、物質的な生産の拡大・成長という方向が成熟・飽和し、あるいは何らかの限界に達した「後」の時代において、むしろ豊穣な内的あるいは文化的な発展が展開するということを、第1章でも言及した「心のビッグバン」や「枢軸時代／精神革命」といったいくつかの分水嶺の時代に注目し、かつ人類史全体を俯瞰するような座標軸を踏まえながら、より実質的に掘り下げ明らかにしていくことである。

第二の関心は、「人間にとってコミュニティ（あるいは他者との関係性ないし社会）とは何か」という基本的な問いに関するものである。

近年の様々な領域における諸科学の動向を見ると、第2章でもふれた「幸福」感など何らかの意味での〝主観的〟な要素の重要性に注目したり、また、人間（あるいは生物）の個体ないし個人を切り離してとらえるのではなく、個体間の「関係性」や、社会的な文脈の中でのその動的な相互作用に注目する研究が大きく浮上しており、しかもそうした展開が〝文・理〟を含めた多様な学問分野をクロス・オーバーする形で生じつつあるように見える。

その中にはたとえば、①他者との相互作用や関係性こそが人間の脳（ひいては人間そのもの）にとって本質的な意味をもつとする、脳研究での「ソーシャル・ブレイン」といった視点や議論（藤井［二〇〇九］等）、②人間の「病気」を単に個人内部の身体的ないし物理化学的な現象としてとらえず、その心理・社会的要因や格差など経済的要因を含めて把握し、「健康の社会的決定要因（social determinants of health）」を探究する「社会疫学」と呼ばれる分野（近藤［二〇〇五］、ウィルキンソン［二〇〇九］等）、③第2章でもふれた、個人と個人の間の信頼やネットワークといった関係性に注目するいわゆるソーシャル・キャピタル（社会関係資本）論（パットナム［二〇〇六］）、④その他、生物人類学、行動経済学、精神神経免疫学、幸福研究、格差・社会的排除に関する研究等々といった関連諸分野が広く含まれる（内田［二〇〇八］、友野［二〇〇六］、神庭［一九九九］、大石［二〇〇九］等）。

これらは上記のような「個体を超えた人間理解」という点や、心身相関ないし（自然を含めた）人間の全体性、「非・経済的要因」ないし質的あるいは〝目に見えない〟（定量化しにくい）領域への注目といった点において、近代科学の枠組みないしパラダイムを超え出る要素をもっていると思われ、科学のあり方という視点からも興味深いテーマを提起していると言えるだろう（広井［二〇〇九b］参照）。

こうした関心を踏まえながら、先ほど述べた「人間にとってコミュニティとは何か」というテーマを、人間の意識／行動と環境ないし経済社会構造との動的な相互作用や進化という視点を重視し、原理的な考察と歴史的な座標軸をクロスさせる形で探究していくのがここでの第二の問題意識である。

本章の第三の柱は、近代社会における「倫理の外部化」とその「再・内部化」という問題意識に関するものである。これについては本文の中でくわしく論じていきたいが、それまでの時代において、（いわゆる「枢軸時代／精神革命」期に生成した諸思想を主な基盤としつつ）個人を内的に律するような存在であった「倫理（ないし内面化された規範）」が、経済あるいは物質的生産の「パイ」の拡大という大きな時代構造の中で〝外部化〟されていったのが近代そして私たちが生きる現代という時代であったと言えるのではないか。そうした状況が、第1章から論じているような資本主義の進化の帰結としての生産過剰や人々の物質的需要の飽和という文脈の中で根本から変容し、新たな価値原理が求められるに至っているのが現在ではないか。こうした問いを、「倫理の再・内部化」あるいは地球倫理といった視点を中心に掘り下げるのが本章の第三の問題意識である。

それでは、以上のような関心を踏まえた探究の試みを始めることにしよう。

1　ケア／コミュニティの進化——人間社会の起源

†類人猿から人類へ——重層社会の成立

個体と個体の関係性あるいは「ケア」のありよう、ひいては社会集団やコミュニティというものの成り立ちにおいて、サルからヒトへの進化はどのような変化をもたらしたのだろうか。言い換えれば、他の生物にはない、人間という生き物における個体と個体の関係性や行動の特質は何なのだろうか。

こうしたテーマをもっとも意識的な形で追求してきた分野の一つは、（日本において独自の展開がなされてきた）霊長類学の領域であるが、その中で、本書のここでの問題意識にストレートに対応するものとして、河合雅雄が行っている議論にまず注目してみよう（河合［一九九〇］）。

河合は一方で、①「家族という社会的単位の創出」こそが、サルからヒトへの進化の決定的な要素であるという興味深い議論を次のように展開する。

「サル社会には、父親は存在しない。父親というのは、家族という社会的単位ができる、つまり、ヒトが誕生したと同時に生成した社会的存在である」

「父親は家族の成立に伴って創り出されたものであり、極言すれば発明されたものなのだ。一方、母親は生物学的存在であるとともに社会的存在だ、という二面性を持っている」

すなわち、母親が子どもの世話をする、という関係はすでにほ乳類一般において成立しているが、それにとどまらず、父親（ないしオス）が子育てに関わるという点、ないしその意味での「家族」という〝社会的〟単位の成立が、人間という存在にとって本質的であったという議論である。

他方で河合は、②人間という生き物の特徴は「重層社会」をつくることにある、という議論を行っている。ここで「重層社会」とは、人が家族組織の上に村を作るように、重層の構造をもった社会をいう。つまり、個人ないし個体がダイレクトに集団全体（あるいは社会）につながるのではなく、その間に何らかの中間的な集団が存在するという構造は、ヒトにおいて初めて成立するという興味深い事実である（サルの場合は例外的な場合を除き前者にとどまる）。

以上、河合が行っている議論（①家族という社会的単位の創出、②重層社会という点が人間という存在にとって本質的である）について確認したが、考えてみれば、ここでの①と②は、同じ構造を二つの側面から見ているものではないだろうか。

すなわち、先ほど確認したように、人間の社会は最初から個体ないし個人が「社会（集団全体）」に結びつくのではなく、その間に中間的な集団をもつ。したがって、個体の側から見れば、それはその中間的な集団「内部」の関係と、「外部」の社会との関係という、二つの異なる関係性をもつ（関係の二重性）。

前者（＝内部関係）の原型が〈母親〉との関係であり（これはほ乳類に共通する）、後者（＝外部関係）の原型、言い換えれば個体を〝外〟の社会に「つなぐ」存在の原型が〈父親〉である（ここで〈母親〉〈父親〉という括弧付きの表現をしたのは、いわばこれは原型的ないし象徴的な意味であり、現実の社会においては、それは様々な存在がその役割を担うことがありうるとの趣旨からである）。

†家族・集団のウチとソト

こうした「家族」の成立を中心とする類人猿から人類への進化について、同じく霊長類学の研究者である山極寿一は、類人猿（チンパンジー、ボノボ、ゴリラ、オランウータンなど）の社会の異なる特性を、人類は「モザイクのように保有している」としつつ次のように述べる。

「初期人類はアフリカの類人猿、とくにチンパンジーやボノボと共通の特徴を多く保有していると考えられる。しかし、初期の人類はチンパンジーとボノボに共通した、メスの性皮の腫張という特徴を獲得しないうちに彼らと分岐した、と私は考えている。性皮の腫張はメスの発情徴候を高らかに宣言し、複数のオスをひきつけて乱交的な性交渉を発現させる大きな役割を果たしている。……初期人類の社会はこのようなメスの誘因性と積極性に基礎づけられた乱交社会ではなく、オスがつねにメスに対して性的な関心を示しつつ配偶関係の独占を保証しあう社会だったはずである。……ただ、人類はチンパンジーとボノボに共通な、父系的な血縁関係にある男同士の連帯意識をある程度発達させた後に、彼らとの共通祖先から分岐したにちがいない。オス同士の連合関係はゴリラには希薄で、チンパンジーとボノボに特有なものだからである。」

「このようにして、人類の家族は社会学的父親の存在を母親の存在と同等なものにする努力によって登場し、さらに父性を普遍化し強化することによって多様化の道を歩み始めた。親族はその結果として生じた。……それは多くの霊長類にとって競合の源泉である食と性を、逆に愛の領域に引き込むことによって形成された文化的存在である。」（山極［一九九四］）

山極の議論の要点は、（先の河合雅雄の議論と関連づけて整理すれば）重層社会という社会のありようが成立するためには①オスとメスの配偶関係を中心としたユニットの存在と、②そうしたユニットが閉鎖的になってしまうのではなく他のユニットとも（開かれた）コミュニケーションをとる、という二点が必要だが、人類は①についてはゴリラから、②についてはチンパンジーやボノボからそれぞれ引き継いで統合したということになる。

問題の所在を絞り込むと、ここで問われているのは、一方で家族という、〝親密〟でありつつも外部に対して〃閉鎖的〃になりがちなユニットの存在と、そうした家族を超えたつながりによる社会の形成ということが、どのように両立可能なのかという問いである。

フランスの社会学者エスピナスは一八七七年に著した『動物社会論』において、様々な動物の集団構成の比較から、家族と群れ生活は対立関係にあり、両者の発展は逆比例すると論じていた。これに対し、日本において霊長類学の礎を築いた今西錦司は、霊長類社会において家族生活を群れ生活に矛盾なく取り込む萌芽がすでに備わっているはずと予想した。そして、「父親たちは娘が配偶関係を結んだ若い男と共存する術を覚え、さらに多くの男たちが互いの配偶関係を侵害せずに共存する倫理をつくりあげていく。そして家族同士が互いの独立性を守りながら、協力して地域社会を運営するようになったとき、はじめて人類は排他的な家族生活を共同的な群れ生活に組み込むという、サルの時代からの課題を乗り越えることができた」と考えたのである（山極前掲書）。

先ほど「重層社会」という点にそくして見たこととつながるが、人間という生き物を特徴づけるのは、このような「関係の二重性」――集団の「内部的な関係」と「ソトとの関係」、あるいは「ウチ」に向かうベクトルと「ソト」に向かうベクトルという異質な二者の共存――に他ならない。

†「分配」の起源と遊び

ここで、いま論じている「ソトとの関係」あるいは家族を超えたつながりということについてさらに具体的に見てみよう。

人間は、非母系的な社会をもつ類人猿から、①特定の雌雄が長期にわたって配偶関係を維持する、②母親と娘がおなじパートナーと繁殖生活を営まない、③父親と息子がおなじパートナーと繁殖生活を営まないという特徴を引き継いだが、多くの類人猿の場合、こうした特徴は「成熟期に達した同性間、とくにオス間の強い反発関係」によって維持されており、そうした反発関係を克服していくことが初期人類にとっての基本的な課題となる（山極前掲書）。

この点に関して山極寿一は、関連分野の研究を踏まえつつ、そのような方向を促進したのは、「行動上の成長遅滞によって拡大された遊びと分配による、個体間の交渉の増加と多様化」にあるという興味深い議論を展開する。

すなわち、チンパンジー、ボノボ、ゴリラ等に見られる食物の一定の分配行動や、現代の狩猟採集民における同様の分配行動などを踏まえると、「分配行動は飢えた人びとを生き残らせるために発達したのではない。食料を分配することが仲間同士の親睦を深め、より自由度の高い社会交渉を発現させ、多様な協力体制をつくりあげる役割を果たしたからにほかならない。

何よりも、分配は人びとの感情の快の領域を刺激したのである」（同、強調引用者）。

この「感情の快の領域」という点について、山極は「分配行動が遊びと似た性格をもつ」としつつ、遊びは体格の大きい者が自分の力を抑制し、小さい者が自分の力を引きあげ、互いに力のバランスを調整することでエスカレートするものであり、類人猿の遊びには若い個体の笑い顔と笑い声がともなうことが多く、こうした表情や音声は類人猿だけに特徴的なものとする。そして、「初期の人類は、類人猿から受け継いだ分配行動を親睦を深めるための交渉として発達させながら、成長遅滞によって遊びの要素を混入させ、これらの人類的な感情を培っていったのであろう」と述べる。

ここで「成長遅滞」と呼ばれていることを念のため確認すると、それは人間の赤ん坊が（類人猿を含む他の生物に比べて）非常に未熟な段階で生まれ、脳の発達も誕生後も長い年月にわたって続くが、そのぶん高い知性を獲得することができることを意味する。と同時に、思春期や大人になるとあまり遊びをしなくなる類人猿など他の生物に比べ、思春期に至っても、また成人に至っても遊び、かつ「遊びを成人間の社会交渉に持ち込むことで、固定的な人間関係に縛られない、可塑性に富む社会関係を可能にした」ことをさしている（ちなみに「遊び」が人間の「創造性」と深い関係にあることは第1章でも述べた）。

「分配」の起源をめぐる以上のような議論は、ケア／関係性／コミュニティの進化という私たちの問題意識にとって様々な示唆を含んでいる。つまり一般的には、「分配」というものは、自分の利益を減らして他人に与えるというような、利他的あるいはある種の規範的な行為として考えられることが多い。しかし以上の山極のような理解では、分配は何らかの〝プラスの感情〟を伴うものとして、生物としての人間にいわば組み込まれている行動であり、またそれは（本章で見ているような重層的な）人間社会の成立を可能にし、人類の環境への適応性を高めるメカニズムとして生まれたということになる。

＊食物の共有・分配行動について

人間の分配行動に関して生物人類学者の内田亮子は次のように述べている。「チンパンジーでも、……ハンターたちは狩りで得た獲物の肉を協力した特定の仲間で分けるが、これらは積極的な分配とはいえず、選別された個体との食物の共同消費を容認するだけである。人間だけが恒常的に一生の間、核家族内（夫婦間、雌雄両方の親と子ども間のこと、これらはいずれも両方向の交換あり）で食物が共有され、積極的に分配される。また、多くの社会ではこの共有／分配は核家族を越えて行われる。」「このような食糧の共有／分配が、おそらく格差のない平等社会の基盤になっていると考えられる。では、どうして人間で行われるようになったのだろうか。進化的適応と考えられるこの行動の起源について、明確な答えは出ていな

い。」（内田［二〇〇八］）

†分配・再分配・環境

もちろん、「分配 distribution（あるいは資源配分 resource allocation）」と「再分配 redistribution」は慎重に区別されるべきであり、社会保障や福祉国家、あるいは〝貧困削減〟や〝格差是正〟といった文脈で課題になるのは主として後者である。また、ポランニーのように人間の経済活動を「互酬―交換―再分配」（それぞれが共同体、市場、政府に対応する）の三つに分けるならば、ここで論じられている「分配」はむしろ（共同体内部の）「互酬」に近い性格のものとも言える。しかしながら、考えてみるとそもそも「分配」と「再分配」とは連続的な現象であり、あるいはまた、両者はもともと〝未分化〟な現象であったのが、後の時代において分化していったとも言いうる（一次分配は市場経済で、再分配は政府でという具合に）。

したがって、「分配」というものの起源が、〝人間の本来的な欲求に対立する事後的・規範的な作為〟といったものではなく、上記のように一定の積極的あるいはポジティブな感情を伴うものとして、類人猿から進化した生物としての人間（言い換えれば人間の遺伝子）にいわば当初から組み込まれているという理解は、ケアや人間の利己性／利他性、あるいは平等／不平等といったテーマを考える際のひとつの出発点として、重要な意味をもつと思われる。

ただしこの場合、一つの前提としてキーポイントになるのは、山極の議論でも明示的に言及されているように、初期人類あるいは狩猟採集社会の人類が過ごしていた環境が、食糧等の面において一定以上の「豊かさ」を有していたという点である。狩猟採集時代の人々が、現代の私たちの〝通念〟とは異なって、概して食糧にも恵まれかつ「労働時間」もずっと短く、その意味で十分に「豊かな」生活を行っていたという点は、近年の様々な研究が明らかにしてきたことだ。その点は後ほどあらためて論じるが、そうであるがゆえに、「そもそも分配という行為が飢えによる切ない希求からではなく、互いのきずなを確認する、あるいは親睦を深めるという意図」(山極)をもつものとして生成したのである。

このように、ある意味で当然のことだが、「分配」という行為は食糧等の資源が一定以上の水準にあるか、不足ないし欠乏の状況にあるかによって全く異なった性格をもつことになる。前者であれば、それは分配をする側(「与える」側)にとっても自らの物質的な満足を減らすことにならず、純粋に快の感情を伴うものになりうるが、後者であれば、それは〝自らの欲求を一部犠牲にした上での(規範的な)行為〟というものに接近するだろう。

このように、人間における「分配」行動の起源や意味をどう理解するかは、当時の初期人類が置かれた環境をどう理解するかという点と深く連動してくる。事実関係としては、狩猟採集時代の人類が置かれた環境が一定以上の「豊かさ」をもつものであったことは上記のように近年の多くの研究が認めている点であり、逆に言えばそのような環境であるがゆえに、人類はそこにおいて生存でき、かつその数を増やしていけた。そして「分配」という行為はそうした環境において生成し、私たちの生物学的なメカニズムの中にまずは埋め込まれたのである。

†「感情」の起源と社会

ところで、先ほどの「分配」に関する議論の中で、初期人類において分配は一定の「快」の感情を伴うものとして生成したという指摘を見た。様々な「ケア」もそうであるように、人間の様々な行動には、それを駆動したり制御したりする「感情」が何らかの形で伴っているし、むしろそうした感情のありようが、私たちの日々の行為や志向を大きく規定している。

ここで、私たち人間の様々な感情の中で、どのような感情がもっとも〝原初的〟であり、どのような感情が〝派生的〟なものであるか、という問いを考えてみよう。この場合の「原初的」とは、人間以外の生物ももっている、言い換えれば生物進化の過程の中で「古く」から存在するものといった意味である。

これについては、様々な研究が「恐れ」という感情がもっとも原初的なものであるという理解でほぼ一致している(様々な研究のレビューとしてターナー［二〇〇七］)。それは近年の脳研究なども示していることで(たとえば池谷［二〇一〇］)、その理由は単純に、生物にとって恐れの感情が、自らの生存に危険をもたらすような外的な対象を察知しそこから身を守るにあたって決定的に重要な役割を果たすからに他ならない。

言い換えれば、感情というものは、最初から「それ自体のためにある」のではなく、生物の生存に何らかの寄与をするための〝手段〟的なものとして、進化の過程で生まれたという理解である。これに関し、脳研究者のマイケル・ガザニガは、私たちの脳には「ネガティブ優先のバイアス」があるとし、「何と言っても、けがや病気や死亡につながるようなものをすばやく見つけるほうが、実がたわわになった木を見て反応するより大事だ」と述べている（ガザニガ［二〇一〇］）。

＊脳の進化と感情そしてケア

こうした話題に関して比較的よく言及されるのは脳の進化に関するマクリーンの説で、それによれば生物の脳は、

① 原ハチュウ類脳
② 旧ほ乳類脳（辺縁系）
③ 新ほ乳類脳（新皮質など）

の三層に分かれ、この順で進化してきたとされる。このうち感情をつかさどるのは②であり、これはほ乳類において大きく発達した部分で、ハチュウ類などには見られない（たとえばワニには「感情」はない）。つまり母子関係を基盤として他の個体との関わりや社会性を発展させたほ乳類において、「感情」に関わる②が飛躍的に進化したという議論であり、それ自体は理解しやすい内容である（筆者は以前この話題を「ケアと脳」という視点で論じたことがある。広井［一九九七］）。

以上のような認識を踏まえつつ、こうした人間の感情と「人間にとって社会とは何か」という問いをクロスさせ興味深い議論を展開している研究者にアメリカの社会学者ジョナサン・ターナーがいる。ターナーは、感情に関する種々の研究をサーベイした上で、「恐れ、怒り、幸せ、悲しみ」の四つが人間にとっての「原基感情」であるとし、そこから人間の社会に関する次のような論を展開する。まずこうした感情の原基性についてのターナーの議論を見てみよう。

「恐れはあらゆる動物のもっとも原基的な感情である。というのも、それは危険と被捕食を避ける上で基本だからである。怒りはしばしば自衛的攻撃における恐れと結びついている。事実、これら二つの感情は扁桃体の異なる部位、すなわち、哺乳類のもっとも古い皮質下辺縁系で活性化する。幸せとその変種はいくぶん捉えにくい感情であり、辺縁系のいずれか一つの箇所に固定的に結びついていない。……帯状回、とくにその前の部位はあらゆる哺乳類に特徴的な母子結合（愛情と愛着を含む）の源泉であると思われる。

……それゆえ、もし選択がヒト科における感情の拡大に有利に働こうとすれば、それはまず恐れ、怒り、幸せ、そして悲しみを生成する辺縁系に働きかけねばならなかった。第一の要求は幸せの能力を拡大することであったと私は思っている。なぜなら、この感情は連帯を生成する感情であり、……個体主義的な類人猿が社会結合を形成するために使わねばならない命令的な道徳記号の基本だからである。満足―幸せが他の原基感情よりも優先的に辺縁系で生産されるとわたしが推論するのはこのためである。……恐れと怒りはすでに固く配線され、まったく別個の部位に位置している。」（ターナー［二〇〇七］、強調引用者）

つまりターナーの議論のストーリーは次のようになる。上記のように、人間にとっての原基感情が「恐れ、怒り、幸せ、悲しみ」であるとした場合、このうち（幸せ以外の）三つはネガティブな感情であり、そうすると、こうした原基感情を利用しながら家族や社会を構成していくことには多くの困難や矛盾が伴う。そこで（生物としての）人間は、原基感情の精巧化という ことを行い、他者との関わりや相互作用に一定の喜びや心地よさを感じるような方向での感情の部分を発展させせかつその割合を増やし、ヒト同士の出会いやコミュニケーションを増進させる方向に進化した（そしてそのようにして誕生したのが現生人類である）、という理解である。「すべての類人猿に共通している先天的に弱い結合（引用者注：社会的な結合をさす）は、感情と関係する脳の諸領域を強化することに向かった自然選択によって克服されたというのが、その答えである」とターナーは述べる（ちなみに「愛」という感情と脳との関わりについて松本［一九九六］）。

以上の限りでは、ターナーの議論は先ほどの山極寿一の論――類人猿の場合における社会性の弱さを克服すべく、人類は「遊びと分配による、個体間の交渉の増加と多様化」が促進されるような方向に、またそうした分配行動においてプラスの感情が生成されるように進化したという理解――とよく似ているようにも聞こえる。しかしターナーの場合、そこから出発しつつ、人類に先行する類人猿の「高度な個体性」や紐帯《ちゅうたい》の弱さという点を強調し、その延長で「人間はふつうに仮定されているよりもはるかに個人主義的である」という方向に議論を展開していく。

そして、狩猟採集社会に関しては、人間の霊長目としての遺産や遺伝子的な遺産と両立できる社会的パターンにもっとも近いが、やがて人口規模や密度が増大すると、親族関係を軸とした初期農耕社会、そしてさらに社会権力と階層制を軸とした農耕社会へと展開し、人間は「社会という檻」に自らを閉じ込めることになっていったと論じ、さらにその延長で、近代資本主義社会あるいは産業社会は、そうした檻からの個人の解放という点において積極的に評価されるべきことを強調する。

こうした主張は、人間の社会性やコミュニティといったものを、単にそのポジティブな側面にのみ注目して把握するような見方を相対化する意味で、一定の示唆をもっているかもしれない。ターナーのような議論の妥当性を見極めるためにも、私たちは議論をさらに進め、サルからヒトへと進化した人類が最初に経験した狩猟採集社会というものの実相を、人間にとってのケアや関係性、コミュニティあるいは「平等」の進化というここでの関心にそくして一瞥《いちべつ》してみよう。

*「感情の生態学」のために

感情の起源と人間の社会性に関する議論を行ったが、こうしたテーマは「人間に関する探究」と「社会に関する構想」を架橋する性格のものとして重要であり、若干の補足を行っておこう。

先ほど人間にとってもっとも原基的な感情が「恐れ」であるという点を見たが、これはすでに確認したように、「生存の確保」のために生成したいわば〝手段的〟なものであり、かつ他の生物とも共通するものである。他方、人間固有の感情には、おそらく二つのタイプがあり、(a)一つは母子関係に起源をもつような「愛情」などであり、(b)もう一つはより一般的な他者との関わりに関する、いわば〝社会的〟な感情である。

実はこの(a)と(b)は、本章の最初で述べた、人間という生き物の特徴は「重層社会」をもつことであり、そこにおいては集団「内部」の関係と「外部」との関係という〝関係の二重性〟が存在するという点と呼応している。そして(a)のような母子関係はほ乳類にも広く見られるものであり、(b)はほぼ人間固有のものと言える（すでに見たように類人猿において同様の感情が一定程度観察されるが、これが高度に発達したのが人間であることは確かである）。

ちなみに(a)については、最近の脳研究や行動経済学（ないし神経経済学）などの議論の中で、授乳に関係しているオキシトシンというホルモンが、人間の「信頼」あるいは絆の感情と深く関係しているといったテーマが活発に論じられている（この点の代表的な研究者がポール・ザックで、そうしたホルモンは人間の協力行動の生理的基盤をなしているとする。またパートナー意識や一夫一婦制との関連も議論されている。なお友野［二〇〇六］、内田［二〇〇七］参照）。

以上をいったんまとめると、次のような整理がひとまず可能だろう。

感情：①手段的なもの（生存のため）
　恐れ、怒り等……概してマイナス
②固有のもの
(a)母子関係や絆（愛情）　〔コミュニティの内部関係
　〝強い絆〟〕
(b)父子関係や社会性（社会的感情〜道徳感情）　〔コミュニティの外部関係
　〝ゆるい絆〟〕

ちなみにこれらのうち、ターナーが（人間が高度に発達させた）「感情の精巧化」という表現で論じていたのは主に(b)に関するものということになるだろう。また、(a)と(b)は第2章で述べた「農村型コミュニティ」と「都市型コミュニティ」という論点とも関連していると思われる。

私たちの問題意識にとって重要なことは、これらの感情は生物としての人間にいわば当初から埋め込まれているものであり、人間の個体性と社会性という観点から見れば、人間の個体は当初から外部ないし他者（他の個体）に対して「開かれている」ことを意味する（先述のように(a)はほ乳類以降に共通するものなので、特に(b)がより人間において特徴的な点となる）。

ここであえて〝本能〟という言葉を使うとすれば、人間はその生物学的な本能としての感情レベルにおいて、すでに単純な――あるいは近代的な個体モデルとしての――利己主義を超え出ていることになる（もちろん、かといって人間が本来的にすべて「利他的」であるということでもない）。

さらにここで重要なのは、「感情」というものだけが独立して存在するのではなく、その基盤には「感覚」の次元があり（様々な快・苦など）、他方で、いわばその上層には「意志（意思）」あるいは「規範（ないし倫理）」の領域が開けているという点である。言うまでもなくこれは脳の構造と関係しており、先ほども確認したように、感情に主に関わるのは大脳辺縁系と呼ばれる部分であり、（他の生物とも共通する）感覚は脳幹や脊髄を含む神経系全体に関わり、意志などは（人間において大きく発達した）大脳皮質と関係している（以上につき図3-1参照）。

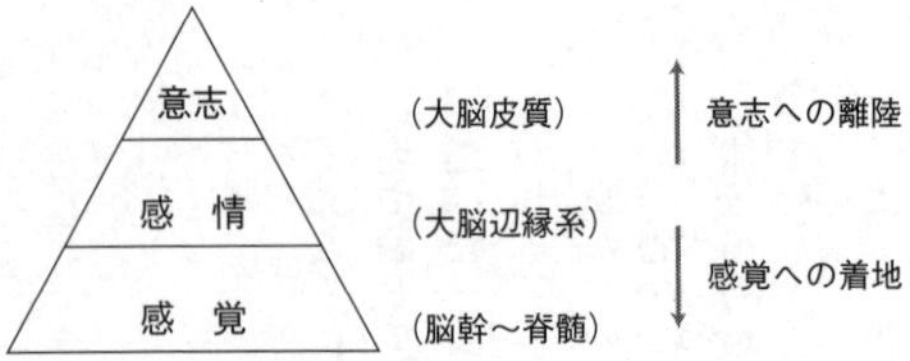

図3-1　「感覚―感情―意志」をめぐる構造

加えてここでもう一つポイントとなるのは、いま述べている「感情」「感覚」「意志」の領域は、「感情」を中間項としつつ、いわばその境界部分において相互に〝浸透〟し合っているという点である。たとえば、「感情」の中でもっとも〝古い〟「恐れ」などは、感覚のレベルでの「苦」と連続的であると思われるし、他方、より重要な点であるが、「感情」の中で社会性に関わる部分――とりわけ「道徳感情」と呼ばれるものなど――は、「意志」や「規範」の領域と明らかに連続的あるいは相互浸透的である。

フランスの哲学者アランの『幸福論』は日本でも比較的好まれて読まれており、そこでの「悲観主義は感情に属するが、楽観主義は意志である」という一節はとりわけ有名である。この指摘は、いま述べている人間の感情をめぐる構造を踏まえると興味深い面をもっている。

つまりアランの指摘は、一つには、人間にとってもっとも古い（基底的な）感情は（恐れ、怒りのように）ネガティブな性格のものなのでそれにとらわれすぎてはいけないという点と関連するだろう。もう一つは、これがより根本的な点だと思われるが、「感情」の領域にいわば閉塞してしまうと（コミュニティないし共同体の中に閉塞するのと同じように）様々な弊害が生まれ、それを先に見たような〝下方〟と〝上方〟、つまり「感覚」の領域と「意志」の領域に「開く」ことが大切であるということである。やや比喩的に表現すると、〝感覚への着地〟と〝意志への離陸〟ということが重要と思われる。

いずれにしても、社会的な視座も含めた、文理融合的で包括的な「感情の生態学」とも呼ぶべき探究が重要になっていると思われる。

†狩猟採集社会の「豊かさ」と平等

さて、私たち現代人は通常、狩猟採集社会→農耕社会→産業化（ないし工業化）社会という大きな歴史の流れを〝進歩〟ととらえ、また実質的にはそのプロセスにおいて「豊かさ」が増大してきたと考え、またそう教えられてもきているので、そうした理解の枠組みからすれば、狩猟採集社会などというと、食糧の欠乏やその不安に常に脅かされた（あるいは食糧や資源をめぐる抗争に明け暮れるような）貧しい社会、と当然のように思いがちである。

しかしながら、ある時期からの人類学的研究は、そうした通念が根本的に誤っており、むしろ狩猟採集社会は「最初の豊かな社会」と表現されるような、食糧や労働時間等における生活の豊かさを実現していた社会であることを示すようになった（その先駆的な代表的著作としてサーリンズ［一九八四］）。

最近の例では、アメリカの経済史家のグレゴリー・クラークは『10万年の世界経済史』の中で「原始社会の住民は、一八〇〇年当時のもっとも豊かな社会の住民に匹敵するほど、高水準の生活を送っていた」とする。

そして「一九六〇年代以降におこなわれた、狩猟採集民と自給農耕民の時間配分に関する体系的調査の結果、狩猟採集社会での労働時間は驚くほど短いことがわかった」としつつ、「このように、紀元前一万年と西暦一八〇〇年を比べると、物質的生活水準は同じだったと考えられるものの、狩猟採集社会の労働時間は短かったとする人類学者の説が正しいならば、定住農耕社会の成立を機に労働時間が長くなったことで、実質的な生活水準は下がった可能性が高い。新石器革命（引用者注：農耕の成立とほぼ重なる）は余暇の増大はもたらさず、労働時間が延びても物質的な見返りはまったく増えなかったのである」と述べている（クラーク［二〇〇九］）。

狩猟採集社会に関するこうした認識は、一見受け入れがたいもののようにも思えるが、次のように考えるとそれはむしろ当然のように理解できる内容となる。すなわち、地球上において自然資源（特に食糧）が比較的豊富で、気候もしのぎやすい地域においては、そうした狩猟・採集中心の生活で十分に〝やっていける〟のであり、したがって農耕ないし食糧生産を始める必要もなく、逆に何らかの理由で、そうした自然の恩恵が相対的に少ない地域で人々が生活を始める場合に、農耕ということの必要が生まれるのである。

このような点に関し、イギリスの歴史家ポンティングは『緑の世界史』の中で次のように述べる。

「今日の最新の知見に照らしてもっとも説得力のある説は、農業の起源を人口増加の圧力に求めるものである。……限界を超えて狩猟採集民の人口が増加し続けたとき、とくに人口の多かった地域では、否応なく条件の悪い土地にも住みつくことを余儀なくされただろう。利用価値のない動植物しか育たない土地で、あるいは貧弱な自然のもとで生きていくための食糧を得るには、以前に増して多大な努力を払う必要があっただろう。……こうして、農業の受け入れ態勢が整った。いい換えれば農業以外に生きる道を失った集団が現わ

れた時点を境に、連鎖反応的に農業が開始されていったのだろう。」（ポンティング［一九九四］、強調引用者）

つまり、人類が地球上でまず広がっていたのは、いわば〝狩猟採集生活だけでも十分に食糧などが得られ豊かに生活していける〟ような地域であり、しかしやがてそれが困難な（＝より自然環境条件が悪い）地域に人類が広がっていく中で、農業が開始されたのである。まさに〝必要は発明の母〟ということだろう。

†狩猟採集社会の「平等」とその意味

狩猟採集社会の「豊かさ」について見たが、同時に狩猟採集社会は、「平等」な社会でもあったとされる。

人類学者のエルダルとホワイトンは、現在の地球上に残る狩猟採集社会についての多くの研究を踏まえた上で、「平等主義的行動は、最も明確に記録された普遍的特性のひとつである。一〇〇以上の観察が、狩猟採集民の平等主義のユニークな性質について記録しており、そこには、社会階層が無く、親族関係や交換で説明できる域を越えた資源の共有があることが記されている。時には、不相応な資源の分け前を得ようと試みる者も現れたりするが、そのような行動は、集団内の他のメンバーから警戒され、優位性に反対する行動によって抑制される」と述べ、狩猟採集社会は「霊長類の進化において先例のない規模での平等主義と協力と共有」によって特徴づけられると総括している（ウィルキンソン〔二〇〇九〕）。

同様に生物人類学者の内田も「序列や格差のない平等社会と、恒常的食糧分配は狩猟採集社会の特徴として常にあげられる」と指摘している（内田〔二〇〇八〕）。

こうした記述にふれると、あたかも狩猟採集社会が理想的な社会のように描かれているように感じられ、少し距離を置いて見たいという思いが私には生じるが、しかしそうした疑念の一部は、社会疫学者のウィルキンソンの次のような議論を聞くとある程度緩和されるかもしれない。

すなわちウィルキンソンは、「農耕の開始以降に変化したのは人間の本質ではなく、環境の方である。狩猟採集社会における分かち合いは、利他主義に基づくのではなく、むしろ『用心深い』共有（すなわち、人々は公平な分配が受けられるように監視すること）であると言われる。平等も同様に、自律性を守ろうとする『支配対抗戦略』と呼ばれるものによって維持されてきた」と述べる。

そして「人々が支配対抗戦略を使う動機は、自分たちの自律性を維持したいという願望にあり、それは狩猟採集民の間では強固に守られていた」という考えや、そうした個人の自律性を非常に重視する傾向は狩猟漁労採集民全体を特徴づけるものであるとの調査報告を踏まえながら、「従属や服従を避ける必要があるというのが自律性の前提条件である点で、自律性は平等と密接に関連している」と論じる（ウィルキンソン［二〇〇九］）。

ここには、「平等」というものの意味をどう理解するかに関する、意外性をもった論点が含まれているのではないだろうか。つまり、私たちは「平等な社会／不平等な社会」といったことを考える際、概して「平等な社会＝多くの人々が利他的あるいは協調的に振舞う社会」、「不平等な社会＝多くの（あるいは一部の）人々が利己的ないし〝強欲的〟な社会」という具合に、「平等／不平等」を「利己性／利他性」あるいは「競争／協調」といった、いわば人間性の善し悪しないし道徳性と結びつけて考える傾向がある。しかし平等な社会／不平等な社会という分岐は、（そうした要素と関わる部分も存在するものの）もっと多元的な要素あるいは環境条件によって規定されるものであり、単純に「利己／利他」や道徳性といった点に還元できるものではない。

具体的には第一に、先ほどのウィルキンソンの議論にあるように、それは個体あるいは個人の「自律性」という要素と深く関わり（これは、たとえば〝フェアな競争〟といった意味での「平等」という概念につながるだろう）、第二に、「余剰資源の蓄積」の度合いという条件とも密接に関係している。

第一の点に関して、平等／不平等というテーマには、おそらく、

(a) 狩猟採集社会的な平等／不平等

(b) 農耕社会的な平等／不平等

ともいうべき二つの異なる次元が含まれていると思われる。(a)は「個人（ないし個体）の自律性」を重視するもので、したがっていわゆる「機会の平等」に重点があり、個人の能力差というものをある程度認め、「競争」ということを必ずしも否定的に考えない。これに対し(b)は、集団内部の親和性ないし協調性を重視するもので、競争に対して忌避的であり、河合隼雄氏のいう「母性原理」的な平等とも言える（日本社会はこちらに傾斜する志向が強い）。この両者はそれぞれ長所・短所をもっており、一方が〝優れている〟という性格のものではない。

第二の点（余剰資源の蓄積）に関して、先のウィルキンソンは、農耕社会における平等主義の衰退をもたらした要因に関する論争において「もっとも影響力の大きい」説として、「遅延リターンシステム」と「即時リターンシステム」の相違という点を挙げる。

「遅延リターンシステム」とは、作物を植えてから食糧を得るまでに何カ月もかかる農耕では労働に対する報酬が遅れるという意味であり、「即時リターンシステム」とは、食糧を探しに

表3-1　狩猟—農耕—産業化の各段階と個人の自律性／不平等／倫理のあり方

	個人の自律性	富の蓄積（遅延システム）	不平等へのポテンシャル	倫理のあり方
狩猟採集社会	強（→対抗戦略）	小	小	互恵的利他主義→後期：規範の独立（心のビッグバン）
農耕社会	弱（→親和戦略）	大	大	規範の強化→後期：普遍的な価値原理の成立（枢軸時代／精神革命）
産業化（工業化）社会	強（→対抗戦略）	大	大	倫理の外部化＆権利概念→後期：倫理の再・内部化〜地球倫理

出たその日のうちに食糧を持ち帰る狩猟採集では労働の報酬をすぐに受け取るという意味である。

そして、「遅延リターンシステムは、貯蔵している食糧や耕作地といった資源を私的に所有する機会を生み出す。しかし、不平等の最も根本的な理由は食糧不足である」とし、「人間でもその他の動物でも優位順位システムは、強いものが資源を優先的に獲得するためのものであり、資源への優先権を争うことの唯一のポイントは、食糧不足に陥ることへの恐怖から逃れることである。……農耕の遅延リターンシステムは常に食糧不足の可能性を孕んでいる」と論じている。

ここで、後の議論を一部先取りすることになるが、いま述べているような「富の蓄積」のありようや「不平等へのポテンシャル」という観点から狩猟採集社会—農耕社会—産業化（工業化）社会をまとめると表3-1のようになるだろう。

いずれにしても、狩猟採集社会において一定以上の「平等」が実現していたのは、①狩猟採集という生産の構造がもたらす個人の「自律性」と、②生産の量的水準がさほど高くなく、余剰資源の蓄積ということがないためその所有をめぐっての格差が生じる余地がなかったことが大きいだろう。

この二点がいずれも根本から変容するのが農耕社会においてであるが、私たちはもう一点、狩猟採集時代に起こった根本的な出来事について見ておく必要がある。

＊狩猟採集社会の平等と本来の「市場」

ある意味で狩猟社会の「平等」とは、歴史家ブローデルが資本主義に対比した（本来の）「市場」の世界と似ている。ここで本来の市場とは、たとえば「せり」市場のようなイメージである。それは全く〝公正〟（公平）な競争であり、かつその参加者は毎回「共通のスタートライン」で競争する。しかもその場で報酬を得（＝即時リターンシステム）、また格差があまり累積しない。しかもこの「競争」はある種ゲーム＝遊びのような要素をもっている（仕事／遊びが未分化であり、先ほどの「分配と遊び」に関する山極の議論とつながる）。

ちなみにいまふれたようにブローデルの議論のポイントは、（通常はほとんど同一視される）「市場」と「資本主義」を明確に区別した点にあった。彼は「市場は一つの解放・一つの出ロ・別な世界への入り口である。……これに対して、反‐市場の地帯では巨大な略奪者が徘徊し、弱肉強食の論理がまかりとおっていた」としつつ、市場と資本主義を以下のように対比する。

「経済生活（引用者注＝ここでは市場と同義）は小さな利潤を伴うが、資本主義は大きな利潤を伴う。経済生活は解放であるが、資本主義は弱肉強食である。経済生活は真の需要と供給によって自動的に価格を調節するが、資本主義は力と策略によって価格を強制する。経済生活は競争の規制を含むが、資本主義は規制と競争、両者の排除を含んでいる。」（以上につきウォーラーステイン［一九九三］）

2 「心のビッグバン」――第一の定常化？

†五万年前の「文化の大爆発」

人類学や考古学の分野で、「心のビッグバン」あるいは「文化のビッグバン」等と呼ばれている興味深い現象がある。その趣旨は次のようなものだ。

私たちに連なる現生人類つまりホモ・サピエンスが登場したのは、近年の研究により今から約二〇万年前であるとされている。ところが、遺跡等の発掘調査によれば、たとえば加工された装飾品、絵画や彫刻などの芸術作品のようなものは約五万年前の時期以降に集中しており——「芸術作品」という場合に私たちにとってイメージしやすいのは、たとえばスペインのアルタミラ洞窟に描かれた動物などの壁画（これは一万八〇〇〇年前頃のもの）などだろう——、したがって人類の登場から一五万年ほどのタイムラグが存在することになる。そのようなタイムラグはなぜ存在するのか、そして約五万年前にそうした〝「文化」の爆発〟が生じたのはなぜか、そこにどのような変化が存在したのか、というのが「心のビッグバン」という話題の中心テーマである。

この場合のポイントは、それは（脳を含む）人類の生物学的な変化——言い換えれば遺伝子の変化——によって生じたのではなく、それ以外の要因によって生じたという点である（なぜなら、人類の生物学的組成そのものは、先ほどの二〇万年前のホモ・サピエンス以降、現代の私たちに至るまで変わっていないから）。「遺伝子情報」と「脳情報」という区分を使えば、ここでの変化は前者ではなく後者によって生じたということになる。

こうした点に早くから注目してきた一人に、スタンフォード大学の人類学者リチャード・クラインがおり、彼は現代人の認知・行動能力は約五万年前にアフリカで急激に進化したという「神経仮説」を立てた。ここで神経仮説という表現が使われるのは、それ以前の時代にも骨格形態の上では現代人的な人類が存在したが、彼らは見かけ上はそうであっても中身（行動様式や意識の認知的パターンなど）はそうでなかったという趣旨である（海部［二〇〇五］、クライン［二〇〇四］）。

また、後でもふれる認知考古学者のミズン（マイズン）は、いわゆる原人や旧人を含めて人類の脳の容量の拡大には二つの山（①二〇〇万年前から一五〇年前、②五〇万年前から二〇万年前）があったことを確認した上で次のように述べる。

> 「人間の行動における二つの本当に劇的な変容は、現代人類並みの脳の大きさに進化してずっとたってから生じた。その変容はホモ・サピエンス・サピエンスのみのものとされる。第一の変容は六万年前から三万年前にかけての文化の爆発的発達で、最初の芸術、複雑な技術、宗教が現れた。第二の変容は一万年前の農耕の登場であり、人々ははじめて作物を植え、家畜を飼い馴らすようになった。」（ミズン［一九九八］、強調引用者）

ただしあらかじめ確認しておくと、この説に対しては、そもそもそうした（ビッグバンと表現されるような）急激な変化が存在したかどうか自体について根本的な疑義や異論が出されている。つまりそのような（芸術などを含む）現代人的な行動様式（modern human behavior）とされるものは、非常に長い時間をかけて連続的・段階的に生じていったものであり、ある時期に集中して急激に起こったものではないという異論である。その中には「革命はなかった」ということを包括的に論じ上記のクライン説を徹底的に批判したものもあり（海部［二〇〇五］）、ビッグバン説ないし革命説に合意があるとは言い難い。

また当然予想されるように、様々な発掘調査が進んでいくと、いわば〝中間的な〟事物、つまり「芸術」作品と、単なる加工された石器のいずれとも言い難いような存在が見つかってくるので、そもそも何をもって「芸術」というか、あるいは現代人的な心というか自体の境界線が不明瞭になってくる（そうした〝中間的〟なものの最近の代表例として、アフリカのブロンボス洞窟と呼ばれる遺跡から見つかった、約七万五〇〇〇年前と推定されるベンガラ上の、明らかに人が刻んだと考えられる幾何学模様――斜めの格子パターンが連続しているもの――がある〈海部［二〇〇五］〉）。またこうした点に関し、『「ビッグバン」』のように見えた現象は、発掘地域の偏りや人口動態による遺跡数の増加が反映していることも考慮する必要がある」との指摘もある（内田［二〇〇七］）。

結局のところ「ビッグバン」と呼べるような急激な変化は存在したのか。脳研究者のマイケル・ガザニガは「創造性」というテーマに関する議論の中で、「人間の芸術の起源に興味を抱く研究者は二つの陣営に分けられる」としつつ、一方の陣営は「芸術は爆発的な出来事、つまり三〜四万年前に、人間の能力と創造性に起きた急激で劇的な変化」であると考え、他方の陣営は「何百万年も前に端を発するもっと緩やかな変化」と主張するとしている。その上で彼自身は、「これまで発見された遺物の圧倒的多数は、過去四万年間のものだ。芸術的・創造的な活動の爆発は、現に起きたのだ。オーストラリアやヨーロッパでは洞窟壁画や彫刻、ヨーロッパからシベリアにかけては一万点もの象牙、骨、枝角、石、木、粘土で作られた彫刻品、そのほか、縫い針、オイルランプ、銛《もり》、槍投げ器、錐、縄のように手の込んだ道具が見つかっている」と述べる（ガザニガ［二〇一〇］）。

一方、先にふれたアフリカのブロンボス遺跡の幾何学模様の例を踏まえながら、人類学者の海部陽介は、どこからが「芸術」と言えるかの境界線引きは困難だが、ポイントは「シンボル」の操作という点にあり、「研究者の間では、ホモ・サピエンスにおいてシンボルを用いる行動が進化したことが、人類史の大きな転換点になったという認識が広まってきている。なぜならこれによって、他者へと伝えることのできる情報量が飛躍的に増すからだ」と論じている（海部［二〇〇五］）。

この時期に生じた変化が急激かつ断続的なものであったか、緩やかで連続的なものであったかは、「歴史の連続と不連続」をめぐる議論が常にそうであるように、座標軸の設定の仕方で変わりうるものだが、この後でも論じていくように、この段階において人間の「意識」やコミュニティのあり方にある種の根本的ないし質的な変化が生じたことは確かだろう。

†「認知的流動性」と意識の起源

ところで、こうした「心のビッグバン」に関するテーマについて、心理学（とりわけ一九八〇年代頃から生成してきた進化心理学）の知見と考古学（とりわけ人間の認知的側面や意識の内的側面まで視野に入れた考察を行う認知考古学と呼ばれる新たな領域）とを融合させる形で興味深い論を展開しているのが、先にもふれたイギリスの考古学者スティーヴン・ミズン（マイズン）である。

彼の議論の骨子は、「認知的流動性」というコンセプトを中心に展開する。一般に私たちは、人間の「心」というものを、当初からある種の全体的なまとまりをもった存在として考えてきたが、最近の（進化）心理学の知見が提起するところによれば、心というものは、異なる機能ごとに専門分化し一定の独立性をもつ「モジュール」から成り立っている——たとえば言語を習得するためのモジュール、道具を利用するためのモジュール、社会的なやりとりに加わるためのモジュール、といった具合に。

そうしたモジュールのうち主なものを挙げると、それは①技術的知能（一定の人工物を作る）、②博物的知能（自然についての様々な知識など）、③社会的知能（他者とのコミュニケーションなど）といったものだが、ネアンデルタール人など現生人類以前の人類においては、これらの知能はそれぞれ独立して（異なるモジュールとして）働いており、相互のつながりがなかった。それが、およそ五万年前の時期に、何らかの契機によってこれらの独立したモジュールが相互につながり融合していくという事態が起こり、それが芸術や宗教の生成などを内容とする「心のビッグバン」となったというのがミズンの主張である。

たとえば、博物的知能と社会的知能が結びつくことで動物の擬人化やトーテミズム（人間の祖先はライオンであるといった思考）が生じたり、社会的知能と技術的知能が結びつくことで（たとえば首飾りのような装飾品に示される）「社会的相互作用のための人工物」が作られるようになったり、といったことだ。

こうして生成した現代人につながる「意識」について、ミズンは次のように論じている。

「初期人類（注：ネアンデルタール人など現生人類以前の人類）に意識がまったく欠けていたわけではない。ただ社会的知能の領域内に限定されていただけのことだ。……ところが、言語が非社会的な情報や考えを社会的知能の領域へ届ける役割を始めたとたん、反省的な意識もまた非社会的な世界を掌握できるようになった。こうして、各人は個々の非社会的な思考過程および知識について反省することができるようになったのである。その結果、

人間行動の全体が、現代人類に特徴的な柔軟性と創造力に満たされることになった。」(ミズン[一九九八]、強調引用者)

ミズンの議論は、私たちの意識の起源、あるいは意識というものの存在それ自体についての様々な新たな視点を喚起するものだが、しかし様々な難点も含んでいるように見える。まず、彼が議論のベースとしている心に関するモジュール説それ自体が、進化心理学の分野ではある程度浸透しつつある考え方であるとしても、なお吟味の余地が多く残されている仮説的なものである。また、心のビッグバンがなぜ今から約五万年前頃の時期に起こったかという点について、十分な論拠が挙げられていると言えない(ミズンはこの点を、幼児期の拡大や子どもの世話をする女性、食物と狩猟についての男性と女性の間での社会的言語といった話題にそくして若干論じているが、ごく限られた範囲にとどまっている)。

†部族本能仮説——コミュニティの生成とその両義性

こうした「心のビッグバン」に関連して、五万年前頃のこの時期における人類の集団のあり方の発展を「部族本能仮説(Tribal(Social) Instincts Hypothesis)」という形で展開しているのが、アメリカの人類学者・環境学者で多くの共著を出しているボイドとリチャーソンである。

部族本能仮説とは、ここで論じている「心のビッグバン」が起こったとされる後期旧石器時代の開始前後の時期に、部族本能（血縁でない個体に対して強い協力関係を維持する遺伝的形質）を多くもつ個体の集団が、集団選択によって頻度を増やしていったとする仮説をいう（Boyd and Richerson［2005］、内田［二〇〇七］）。

それ以前の人類の場合、近い血縁集団を超えたスケールでの協力行動は見られなかったが、①同調的な社会的行動、および、②規範的なモラルの実行という（「遺伝子」の次元ではなく「文化」の次元でのプロセスを通じて、家族関係を超えた集団ないし社会が形成されていく。この場合、そうした協力関係は距離的に離れた人々の間にも及び、またシンボル的に区分された集団に対する感情的な愛着とともに形成される。

この場合の「シンボル的に区分された集団」とは、戦闘や宗教に関する組織、服装や髪型などを含むものである。いわば、〝集団ないしコミュニティのアイデンティティ〟とも言うべきものが生成していったと解釈することができるだろう。

興味深いのは、ここでの家族を超えた集団の形成という論点に、シンボルということが関わり、これは先ほど見た、「心のビッグバン」においてシンボルを用いる行動が生成したという議論とつながるという点だ。

この場合、シンボルがもつ意義は両義的であり、それは一方において、家族を「超えた」集団の形成という意味で、いわば家族という集団を外に対して〝開く〟機能をもっている。他方において、先ほどの服装や髪型という例に示されるように、逆にその（家族を超えた）集団の「ウチ」と「ソト」の境界を画し、他のコミュニティから自らのコミュニティを〝閉ざす〟機能をもっている。

シンボルの究極のものは言うまでもなく「言語」であるが、以上のことは、まさに言語というもののもつ両義性とそのまま重なっていると言えるだろう。つまり言語は、家族のような、いわば〝以心伝心〟的な、情緒的なレベルでの結びつきを超えた、人と人とのつながり（「都市的な関係性」とも言い換えられるもの）を開いていくという機能をもつ半面、逆に異なる言語をもつ集団同士の間に〝壁〟を築き、かえって集団を閉じたものにしてしまう、あるいは集団のアイデンティティというものを強めすぎてしまう、という全く逆の側面をもっている。

このように、シンボルや言語というものは、「開く」というベクトルと「閉ざす（＝境界を画する）」というベクトルの両方をもった存在である。

いずれにしても、こうして考えていくと、実は本章のはじめのほうで述べた「重層社会」としての人間社会――特に「個人―家族―家族を超えた集団」という構造――というものが、シンボルの生成、反省的な「心」ないし意識の成立、芸術や文化（などの「創造性」を伴う活動）の生起、規範の内面化と同時平行的に、真に明確な形で生成したのがこの「心のビッグバン」の時期であったということが浮かび上がってくる。

†なぜ「心のビッグバン」が生じたのか──狩猟採集社会の技術パラダイムの飽和と「第一の定常化」

では、残された問いとして、なぜこの（約五万年前という前後の）時期に、こうした人間の意識や行動、集団ないし関係性のあり方に根本的な変容が生じたのか、という問いを考えてみよう。

以下に述べる内容は、私自身のまったくの仮説という域を出るものではないが、一つの大きな理解の可能性として、次のような把握がありうるのではないだろうか。

すなわちそれは、この時期に、狩猟採集社会といういわば技術─生産のパラダイムの枠内において、「物質的生産の量的拡大」ともいうべき方向が何らかの意味での飽和・限界に達し──たとえば資源・環境面でのある種の制約にぶつかるなど──、その結果、そうしたいわば〝物質的生産の量的・外的な拡大〟というベクトルの方向ではなく、〝内的な（非物質的な）深化・発展〟ともいうべき方向への基本的な転換が生じ、そこにおいてたとえば芸術や文化の創発・展開、明確なコミュニティの形成、反省的な意識の生成といったことが相互に連関する形で生じたのではないか、という把握である。

このように考える理由は次のような点に由来する。第一に、この時期に特徴的とされる芸術や装飾品、文化の生成・発展といったものは、物質的（マテリアル）な生産の拡大という方向ではなく、（哲学用語を使うならば「質料〔マテリー〕」に対する「形相〔フォルム〕」つまり）それを加工しそこに意味ないし情報を付加するという点に本質をもつものであり、まさに物質的・資源的な制約が存在する状況にあってなお大きく発展する可能性のある（脱物質的な）領域であるからである。

第二に、先ほど見たような一定の規範意識の生成、反省的な意識の誕生といった諸点も、何らかの物質的・資源的制約下という条件と呼応する性格をもっていると考えられる。つまりもっぱら「外」に向かっていた「意識」（フッサール的に言えば「志向性」）がいわば〝反転〟し、その内部あるいは〝ベクトルの起点〟のほうに向かうようになったということだ。

そして第三の理由は、第1章でそのアウトラインを述べたように、実はこの狩猟採集段階における「心のビッグバン」という現象を、私自身はより大きな人間の歴史全体の中において位置づけることを企図しており、端的に言うならば、人間がこれまで経験してきた（現在を含む）三度の「定常化」の時代の、その「最初の定常化」に対応するものと考えてみたいからである。ここでもう一度、第1章の図1-9をご覧いただきたい。

ちなみに、「認知的流動性」について論じている先ほどのミズンの議論との関連で言えば、彼の著作の中に次のような一節がある。

「考古学的資料は、石器時代の芸術が暮らしやすい環境の――時間に余裕があっての――産物ではないことを教えている。むしろ、人々が厳しい制約のある条件下で暮らしていた中から生まれたものがほとんどである。ヨーロッパにおける旧石器時代の芸術の繁栄は、最後の氷河期のまさに最中の頃の、環境条件がひどく厳しい時に生じたものだ。」(ミズン[一九九八])

これは、先に述べたような「外的・量的な生産拡大→内的な発展」という趣旨とは必ずしも同じではないが、一定の接点をもつように思われる。また彼の「技術的知能、博物的知能、社会的知能といった異なるモジュールの融合」という議論に関しては、大きくは、

(a) 技術的知能&博物的知能……主に〝人間と自然(モノ)〟の関係に関わる
(b) 社会的知能　　　　　　……主に〝人間と人間〟の関係に関わる

という整理が可能だろう。

私は以前の著作で、「拡大・成長」の時代においては〝人間と自然〟の関係に大きな変化が

図 3-2　八ヶ岳南麓から発掘された縄文土器遺跡群の一部
（所蔵：長野県富士見町・井戸尻考古館〔同館パンフレットより〕）
「心のビッグバン」と呼ばれる現象がどのようなものだったかのイメージを与えてくれる。“土器を作る”という技術革新そのもの（火というエネルギーの使用を伴う）は、実用的な「生産」に貢献する性格のもので、いわば「拡大・成長期」の産物である。これに対し、土器に様々な文様を描き造型するという行動や意識は、実用性や生産への寄与といったことから一歩離れた性格のもので、一種の“遊び”であり、まさに「定常期」の創造性である。しかもそうした文様や形態は変容、進化していくが、それらは質的な変化であって生産の量的拡大ということとはさしあたり無関係である。

生じ（より正確には、人間が技術によって自然を利用ないし搾取する度合いが高まり）、「成熟・定常化」の時代においては〝人間と人間〟の関係が前面に出るという議論を行ってきた（広井［二〇〇九b］）。

だとすれば、基本的に物質的生産の「拡大・成長」の時代においては(a)が優位であり、(b)はそれとは別個に存在しているが、生産の飽和ないし定常化の時代（あるいは環境的制約が顕在化した時代）になると、人々の関心の主眼が(b)にシフトし、かつ非物質的なものへの関心が強まる中で、(a)と(b)の融合が生じるという理解も可能ではないだろうか。それが文化、芸術など「（非物質的な）創造性」の展開と重なっていると思われるのである。

＊定住と「心のビッグバン」あるいは芸術との関係

「心のビッグバン」は、狩猟採集時代の後期に見られる「定住」ということとも関連していると思われるが、人間にとって「定住」がもつ意味と、芸術や工芸、装飾などとの関係について、人類学者の西田正規は『人類史のなかの定住革命』において次のような印象深い指摘を行っている。

「だが、定住者がいつも見る変わらぬ風景は、感覚を刺激し、探索能力を発揮させる力を次第に失わせることになる。定住者は、行き場をなくした彼の探索能力を集中させ、大脳に適度な負荷をもたらす別の場面を求めなくてはならない。そのような欲求が、どんな場面に向けられるのか予見することはできないにしても、定住以後の人類史において、高度な工芸技術や複雑な政治経済システム、込み入った儀礼や複雑な宗教体系、芸能など、過剰な人の心理能力を吸収するさまざまな装置や場面が、それまでの人類の歴史とは異質な速度で拡大してきたことがある。」

「縄文人が、精力を込めて土器に装飾を施し、さまざまな呪術的装置や道具を持っていたことの本質的な意味は、それを作る過程において心理的エネルギーを費やし、単調であった空間にひずみを与え、また周到に準備された儀礼の演劇的効果によって、目まいにも似た心理的空間移動を体験することにあったのだろう。土器の文様は、それがいかに完成されようと、やがてまた変化してしまうことの理由の一つがここにある。」（西田［二〇〇七］）

ある意味でこうした把握は芸術や文化についての〝外在的〟なとらえ方であるが、事実関係としてはそのとおりのことと思われる。もう少し別の言い方をするならば、工芸や芸術といったものは、何らかの環境的な制約を契機としながら、それをより高い次元においてポジティブな方向に昇華していく活動と言うこともできるだろう。

3 「枢軸時代／精神革命」の意味——第二の定常化？

狩猟採集社会の後半期にあたる約五万年前に起こったとされる「心のビッグバン」について見てきた。ここで私は、時間の流れを一気に越えて、今から約二五〇〇年前（紀元前五世紀）前後の時期に生じた、人間の意識や精神、あるいは人間と人間の関係性の歴史における次の大きな分水嶺と思われる現象——ヤスパースが「枢軸時代」、科学史家の伊東俊太郎が「精神革命」と呼んだ時代——に注目し、「心のビッグバン」とこの時代の両者を一つの大きな座標軸の中でとらえることを試みてみたい。しかしその作業の前に、この二つの〝事件〟の間に存在するもう一つの大きな変化——農耕の開始——とそれが人間の社会にもたらした影響について、ごく簡潔に一瞥しておこう。

†農耕社会の抑圧と憂鬱？

農耕ないし農業は、今から約一万五〇〇〇年ないし一万年前の時代に、中東のいわゆる「肥沃な半月弧」丘陵地帯において生まれ、少し遅れて中央アメリカや中国東部で開始され、やがて他の地域に広がっていったとされる。歴史家のゴードン・チャイルドはこれを「食料生産革

命」と呼び、またL・A・ホワイトは

① 狩猟採集社会＝人間エネルギーの時代
② 農耕社会＝動植物エネルギーを制御する時代
③ 産業化(工業化)社会＝地下資源のエネルギーを利用する時代

という区分を行った。つまり狩猟採集社会―農耕社会―産業化社会という区分は、いわば人間がエネルギーを使う、その基本的な様態が変化(ないし高次化)していった――言い換えれば、人間による〝自然の搾取〟の度合いが高まっていった――各段階としてとらえることができるだろう。

ところで、先ほど「狩猟採集社会の『豊かさ』と平等」という話題のところで述べたように、近年の様々な分野の諸研究が明らかにしてきたのは、私たちの通念とはやや異なって、狩猟採集社会から農耕社会への移行が人々の生活の「豊かさ」をもたらさず、また、社会の「不平等」が拡大していったという、農耕社会についての概してネガティブな側面である。

農耕の開始は石器技術の変化とも対応しているので新石器革命とも呼ばれるが、たとえば先にも言及した経済史家のグレゴリー・クラークは、「新石器革命によって、狩猟採集社会は、収穫した作物や家畜化した動物を基盤とする経済へ移行した。人類学者や考古学者は、長年にわたって、この変化が生活水準にもたらした影響を議論してきたが、農業の開始によって生活水準は下がったとの見方が多い」と述べる。

この背景にあるのは、「マルサス的均衡」と呼ばれる論理で、要するに生産性が上がってもそれに伴って人口増加が生じ、結果として一人当たりの豊かさは変化しないという状態である。「農業が導入されたのは、それが当初は狩猟採集より優れた技術であり、所得を増大させるものだったからだ。だが、所得の増大は必ず人口増加につながり、生活水準が下がって、新たなマルサス的均衡に落ち着く」（クラーク［二〇〇九］）。

ところで先の狩猟採集社会のところで見たように、狩猟採集社会から農耕社会への移行が生じたのは、狩猟・採集民たちが従来の技法で生計を営むことができなくなり、農耕に転向することを余儀なくされたというのが背景だが、農耕社会の中心をなす耕作という行為は、想像されるように狩猟採集社会に比べてずっと強いレベルでの集団的な統制、規制ないし管理を必要とする。

またそうした社会組織の基本になるのは親族関係だが、社会学者のターナーが論じるように、「しかし親族関係は、人間のもっとも親密な社会的紐帯と感情をつねにともなっている。高度な義務と関与を要請する拡大家族の紐帯を媒介にして、大きな社会を構造化する原理として親族関係を使用することは、調整し規制する必要がある潜在的な緊張関係を生みだす。この必要が、さらなる拘束――規範、儀礼、明確な役割――を生むことになる」。

†「都市」の生成とその意味

議論をさらに進めよう。一定の技術的進歩も伴いながら農耕社会が展開していくと、蓄積される富の配分や所有をめぐって社会の階層化が生じるとともに、集団と集団をさらに包括する大きな集団への統合等が生起し、血縁集団の首長制→大首長→王（国家）という構造化が進んでいく。こうした中で、農産物の余剰の交換や職業の分業化等とパラレルに都市が生まれ、ひいては「都市革命」と呼ばれるようなもう一つの大きなステップが生じる（その象徴的ケースがいわゆる〝四大文明〟と呼ばれるメソポタミア、エジプト、インド、中国での都市文明の成立であるが、ちなみに文明 civilization と都市 city（civitas）は語源的に共通のものであることをあらためて想起しよう）。ちなみに科学史家の伊東俊太郎は人類史の五つの大きな画期ないし革命（人類革命、農業革命、都市革命、精神革命、科学革命）という議論を展開しており、「都市革命」を農業革命と精神革命の間の重要なステップとして位置づけている（伊東［一九八五］）。

ところで、先ほどのターナーは、こうした段階までを含めて農耕社会ないし農耕文明に対してきわめて否定的な評価をしており、次のような指摘を行う。

「農村ならびに都市において、定期的に繰り返される叛乱や蜂起、そしてときにはエリート自身による抵抗は、権力の檻が危機を孕みつつ維持されてきたことを表している。個体主義的な霊長目にとって、もっとも『自然』な状態は狩猟・採集であり、国家権力と完全な階層化は人間の、基礎的な遺伝子傾向と両立しがたい。したがって、それが可能になると、農耕社会の成員が伝統に倣って叛乱を起こし、移住し、そしてその他の方法で国家権力の社会文化的な檻から逃れようと懸命に励んだことは当然である。」(マリヤンスキー&ターナー［二〇〇九］)

農耕社会と一口に言っても、地球上には多様なものが存在し、その中には比較的階層化の度合いの低い、あるいは農耕にとっての自然環境に恵まれた「豊かな」社会も存在するので、ターナーの議論はやや一面的に農耕社会を見ている感がある。また彼の議論は結局のところ〝個人の自律性〟という尺度から様々な社会を評価しているので、おのずと農耕社会に対する評価が低くなるのだが、本章のはじめで見たように、人間社会の構成原理には、母子関係に原型をもつような、個体間の一体性あるいは共感性をベースとした関係性――「コミュニティの内部関係」と呼んだもの――がもう一つの柱として存在する。

農耕という生産活動は、集団の同調的行動を必要とするので、狩猟採集社会に比してそうした関係性が生産活動にとって適応的な面があり、人類は農耕社会を営んでいくにあたって、そうした〝母性原理的〟な関係性を軸にすえた社会を構成していったと言えるのではないだろうか（この点は、第2章で日本社会の関係性の特質を〝稲作の遺伝子〟という言葉で表現したことや、「農村型コミュニティ」と呼んだ関係のあり方と関連している）。

しかし他方、農耕社会は余剰生産物の蓄積を生みやすく、また食料不足の危機にもさらされているので、農耕社会が潜在的にもつ緊張や抑圧性、階層性に関するターナーの指摘には正当な部分もあるだろう。

この点に関し、もう一点注目しておきたいのは「都市―農村」という関係と、狩猟採集社会と農耕社会という対比である。

〝個人の自律性〟という点から見るとき、明らかに近似しているのは都市と狩猟採集社会であるだろう。その意味では、農耕社会の（階層化を伴う）進展の結果、「都市」が生まれたというのは、ターナーが指摘するような農耕社会の抑圧性が強まる中で、人間社会がある種の〝突破口〟ないし緩衝装置のようなものを求め、その結果作り出したのが「都市」であった、という理解が浮かび上がる。実際、都市というものはもともと、共同体（コミュニティ）と共同体との間の「市場」をベースに生成したものと言えるが、市場とはまさに（農村）共同体にとっての〝外部に開かれた「窓」〟ともいうべき存在であった。

したがって都市とは、農耕を開始し、（本来の）狩猟採集社会から離れてしまった人間が、その〝必然的な補完物〟として生み出した余剰あるいは分泌物のようなものという理解が可能ではないだろうか。その意味では、第2章の議論ともつながるが、都市と農村という二者は、分けて考えられるものではなく、相互に不可分で補完的な存在であり、私たち人間は（自身の中に）その両方を必要としている。

しかし、もちろん都市は狩猟採集社会とイコールではない。すなわち第一に、農耕自体が（狩猟採集社会に比して）自然の管理ないしコントロールいう要素をもっていたことに加えて、そこからさらに「都市」は自然から離れ、反自然性という性格をその基本にもつものだった。

第二に都市は、以上の文脈からすれば農耕社会における身分の階層化とその固定から〝逃れる〟ために人々が求めた場所のはずだったが、狩猟採集社会と異なり、農耕社会は富の「蓄積」や「所有」が組み込まれた社会になっている以上、そこでは新たな階層化や格差、そして貧困が生成していく。

つまり現代の都市と構造的に同じ状況が、古代都市にすでにあったに違いない。

このように歴史上この時期に初めて生まれた「都市」は、個人の自律性とともに、すでに一定以上の反自然性そして不平等という要素を含むものだった。そしてそうした時代のベクトル

――農耕文明のパラダイムの中での都市革命の生成――の、ある意味でその「矛盾」の展開の先に生成したのが、本項の主題である「枢軸時代／精神革命」だったと考えられる。

†枢軸時代／精神革命

「枢軸時代（Achsenzeit）」とは、ドイツの哲学者・精神病理学者のカール・ヤスパースが著書『歴史の起源と目標』（一九四九）などで展開した言葉ないし概念であり、また同様のものとして、先ほどもふれた科学史家の伊東俊太郎が、人類史に関する全体的な理解の枠組みの中で提起した「精神革命」という把握がある。

ヤスパースによれば、世界史の全体を眺めた時、現代の私たちが「人間」と呼ぶような、一定の特質を備えた人間あるいはその基盤となる思想が生まれたのが「枢軸時代」である。

「この世界史の軸は、はっきりいって紀元前五〇〇年頃、紀元前八〇〇年から二〇〇年の間に発生した精神的過程にあると思われる。そこに最も深い歴史の切れ目がある。われわれが今日に至るまで、そのような人間として生きてきたところのその人間が発生したのである。この時代が要するに『枢軸時代』と呼ばれるべきものである。」（ヤスパース［一九六四］）

そしてこの時期に、今風の言い方をすれば地球上のいくつかの地域で、ある種の共通した特徴をもった思想が〝同時多発的〟に生成した。ヤスパースの言をもう少し聞いてみよう。

「この時代には、驚くべき事件が集中的に起こった。中国では孔子と老子が生まれ、中国哲学のあらゆる方向が発生し、墨子や荘子や列子や、そのほか無数の人びとが思索した。インドではウパニシャッドの哲学が発生し、仏陀が生まれ、懐疑論、唯物論、詭弁術や虚無主義に至るまでのあらゆる哲学的可能性が、中国と同様展開されたのである。イランではゾロアスターが善と悪との闘争という挑戦的な世界像を説いた。パレスチナでは、エリアからイザイアおよびエレミアをへて、第二イザイアに至る預言者たちが出現した。ギリシャではホメロスや哲学者たち——パルメニデス、ヘラクレイトス、プラトン——更に悲劇詩人たちや、トゥキディデスおよびアルキメデスが現われた。以上の名前によって輪郭が漠然とながら示されるいっさいが、中国、インド及び西洋において、どれもが相互に知り合うことなく、ほぼ同時期にこの数世紀間のうちに発生したのである。」（ヤスパース前掲書。引用者注：翻訳で「シナ」となっている箇所は「中国」とした）

こうした「枢軸の時代」に生成した思想の共通した特徴は何か。ヤスパースは、これらの思想すべてにおいて、「人間が全体としての存在と、人間自身ならびに人間の限界を意識したということである。……人間は根本的な問いを発する。彼は深淵を前にして解脱と救済への念願に駆られる」という言い方をしているが、基本的には、これらの思想において、「人間なるもの」という観念、つまり個々の民族や共同体を超えた「普遍的」な人間という発想が生じたということが、もっとも本質的なポイントと考えてよいだろう。この点について、伊東俊太郎は次のように述べる。

「このうちギリシャ思想は理論的、インド思想は形而上学的、中国思想は処世的、ヘブライ思想は宗教的という大まかな性格の相違はあるにしても、それらはいずれもそれ以前の素朴な呪術的・神話的思惟方式を克服して、あれこれの日常的・個別的経験を超えた普遍的なるもの（ギリシャではロゴス、インドではダルマ、中国では道、ヘブライでは律法）を志向し、この世界全体を統一的に思索し、そのなかにおける人間の位置を自覚しようとするものであった。」（伊東［一九八五］、強調引用者）

ここで述べている「人間なるもの」あるいは普遍性という点について、若干補足してみよう。

もしも私たちが、ある特定のコミュニティあるいは集団、民族等の中にどっぷり浸《っ》かっていて、他のそうした集団との接触をもたないか、あるいはもつとしても全くの他者あるいはヨソ者ととらえ、自らと同格の存在として認識するということがないとすれば、そこに（個々の集団や民族などを超えた普遍的な）「人間」という観念は生じないだろう。そうした観念は、自ら自身を含め、複数のコミュニティや民族等が同格に存在しているということを、いわば第三者的な観点から（一歩メタレベルから）把握するという視座が生じた時に初めて、可能になるはずである。そうした認識がまさに生まれたのがこの「枢軸時代／精神革命」期の思想であったということになる。

ちなみに、関連するとらえ方として、宗教学者のベラーは「宗教の進化」という考え方を唱え、人間の歴史上生まれた宗教を①原始宗教、②古代宗教、③歴史宗教、④近代宗教、⑤現代宗教の大きく五段階に区分しているが、この「枢軸時代／精神革命」期に登場した思想は、ベラーのいう「歴史宗教」にほぼ重なるものである（本書のここまでの議論との関係では、①の原始宗教は狩猟採集社会に、②の古代宗教は農耕社会のある時期以降〔先ほど論じた都市文明の展開の時期〕にほぼ対応）。そしてベラーもまた、歴史宗教の特徴として、個々の民族等を超えた「普遍性」ということを強調している。

「歴史宗教はすべて普遍主義的である。人間はもはや、もっぱらどの種族や部族の出身であるか、あるいはどの神に仕えているかではなく、むしろ救済されうるものとして定義される。つまりは、初めて人間そのものを把握することが可能になったのである」。（ベラー〔一九七三〕、強調引用者）

†異なるコミュニティを「つなぐ」思想

「枢軸の時代／精神革命」期に新たに生まれた思想群が、「人間なるもの」あるいは個々の民族等を超えた「普遍性（ないし普遍的な原理）」ということを志向していた点を確認したが、これは言い換えれば、これらの思想はいわば「異なるコミュニティをつなぐ思想」、つまり異質で、ともすれば互いに排他的・閉鎖的となって対立し、場合によっては紛争あるいは戦争に至るような複数のコミュニティの間に〝橋をかける〟という性格のものであったということができるのではないだろうか。

たとえば儒教というものは、日本においては概して〝封建的・前近代的な遺物〟のように理解されることが多いが、それは近代以降、西欧社会が中国をその「後進性」においてのみとらえた理解のパラダイムをそのまま輸入したことによる影響が大きいと私は考えている。大きな視点でとらえるならば、儒教というものの本質は、〝多民族社会〟である中国において、異なる民族が武力や感情ではなく言葉や「理」によって共存するための、いわば「作法」ないし原理を説くものとして生まれた、と考えるのが妥当と思われる。この時期におけるインド、中東、ギリシャでの諸思想の生成の背景も基本的に同質のものと言ってよいだろう。

この論点は、なぜこの時期に、普遍性ないし普遍的な原理への志向を強くもった思想が生成したのかという問いとつながってくる。これについてヤスパースは、以上の議論と関連するような当時の状況、つまり「多数の小国家と小都市の群立、闘争に終始する政治的分裂の時代、……多くのものが同時的に繁栄する際引き起こされる闘争や革命による危機」という点を一つの可能な背景説明として挙げつつ、アルフレッド・ウェーバーが唱える説についても言及している。それはこの時期に、ユーラシア大陸において大規模な騎馬民族の移動があり、それが各地に従来から存在していた定住農耕的な文化と接触するという状況が生まれ、それがこうした思想の契機になったという考えである。

「これより以前から、ヨーロッパから中国に至るまで、遠い過去に深く根ざした古い文化が存在した。この文化は、あるいは母権的文化、あるいは定住牧畜者の文化としていろいろに性格づけられ、あるいは簡単に、中国からヨーロッパにわたる文化帯の肥沃な地方に、そのつど自給自足的な閉鎖的社会をなして栄えた住民集団として性格づけられている。

歴史は二つの勢力、すなわち古来の安定した、社会的拘束力の強い、個人の意識がまだまどろんでいる母権の勢力と、新しく起こった変動の多い、因習を打破し、個人が自覚的になりゆく騎乗民族の傾向との対決となる。」（ヤスパース前掲書）

ちなみに伊東俊太郎もこうした定住農耕民と騎馬民族との接触が枢軸時代／精神革命の契機である可能性について述べ（伊東［一九八五］）、また経済学者の村上泰亮も『文明の多系史観』の中で同様の議論を展開している（村上［一九九八］）。

思えば、ここで挙げられている、

・「定住的な農耕民族の大地母神的な静的な母権的文化」と
・「騎馬民族特有の父なる天の神を信ずる変動の多い、因習打破的な合理主義の父権的文化」

という対比は、実は本章の冒頭から述べている、人間のコミュニティにおける「関係の二重性」つまり「内的な関係性」（原型としての〈母〉）と「外的な関係性」（原型としての〈父〉）という点や、第2章で述べた「農村型コミュニティ」と「都市型コミュニティ」という対比と対応しているだろう。これらはまさにコミュニティ形成をめぐる二つの（異質な）原理なので、この両者をそれぞれ強く体現した民族ないし集団——ここでは農耕社会と遊牧社会——が接触するということは、「異質なコミュニティが接する」という場合のもっとも象徴的なケースと言えるだろう。

とはいえ、ヤスパース自身もこうした説明に慎重な留保を加えているように、これらについてはさらに歴史的な事実関係にそくした分析が必要である。しかし少なくとも、「枢軸時代／精神革命」期に新たに生成した思想の一つの特質が、異なる民族や集団を超えた普遍性ないし普遍的な原理への志向をもち、それが複数の異質なコミュニティをつなぎ、橋渡しするという実質的な方向づけに支えられているということは確かなことと思われる。

†農耕文明の成熟・定常化と枢軸時代／精神革命

以上、「枢軸時代／精神革命」の背景として、異質なコミュニティあるいは文明の接触という点を、その思想がもつ「普遍的な原理への志向」ないしコミュニティをつなぐ論理ということとの関連で見た。しかし私としては、以上と並んでもう一つ、「枢軸時代／精神革命」の思想の生成をこの時期に引き起こした重要な背景があったと考えている。

それは農耕文明が、その量的・外的な拡大という展開の方向において、この時期にある種の限界あるいは飽和点に達する（最初の）兆しを迎えていたのではないか、という視点であり、さらにそれは、狩猟採集社会における「心のビッグバン」と似た構造をもっているのではないか、という理解である。

農耕文明がその量的拡大において限界に直面するということの意味は次のようなものだ。

私たち現代人、つまり産業化ないし工業化時代を生きる者にとっては、農耕あるいは農業という営みは、ある意味で非常に〝自然にやさしい〟、または自然親和的な活動にも見える。それは工業化社会との対比で言えばそのとおりのことだが、しかしその前段階の狩猟採集社会に比べれば、農耕社会というものが、様々な意味で自然の大規模な「開発」を伴うものであることとは明らかであり、先ほど指摘した「狩猟採集社会→農耕社会→産業化（工業化）社会」という展開が、エネルギーのより大規模な利用あるいは〝自然の搾取〟の度合いを増大させるプロセスであったということもこの点と重なっている（農耕開始とそれに伴う世界人口の増加について図3-3を参照）。

近年、人間と自然との関わりのありようという視点から歴史をとらえなおす「環境史」と呼ばれる分野が発展しているが、環境史やそれに関連する諸研究が明らかにしてきたのは、農耕社会ないし農耕文明における、たとえば森林の伐採や消滅とそれによる人間社会の衰微ないし滅亡といった事実である。

枢軸時代／精神革命が起こった地域との関連では、たとえばギリシャ文明が衰微した最大の

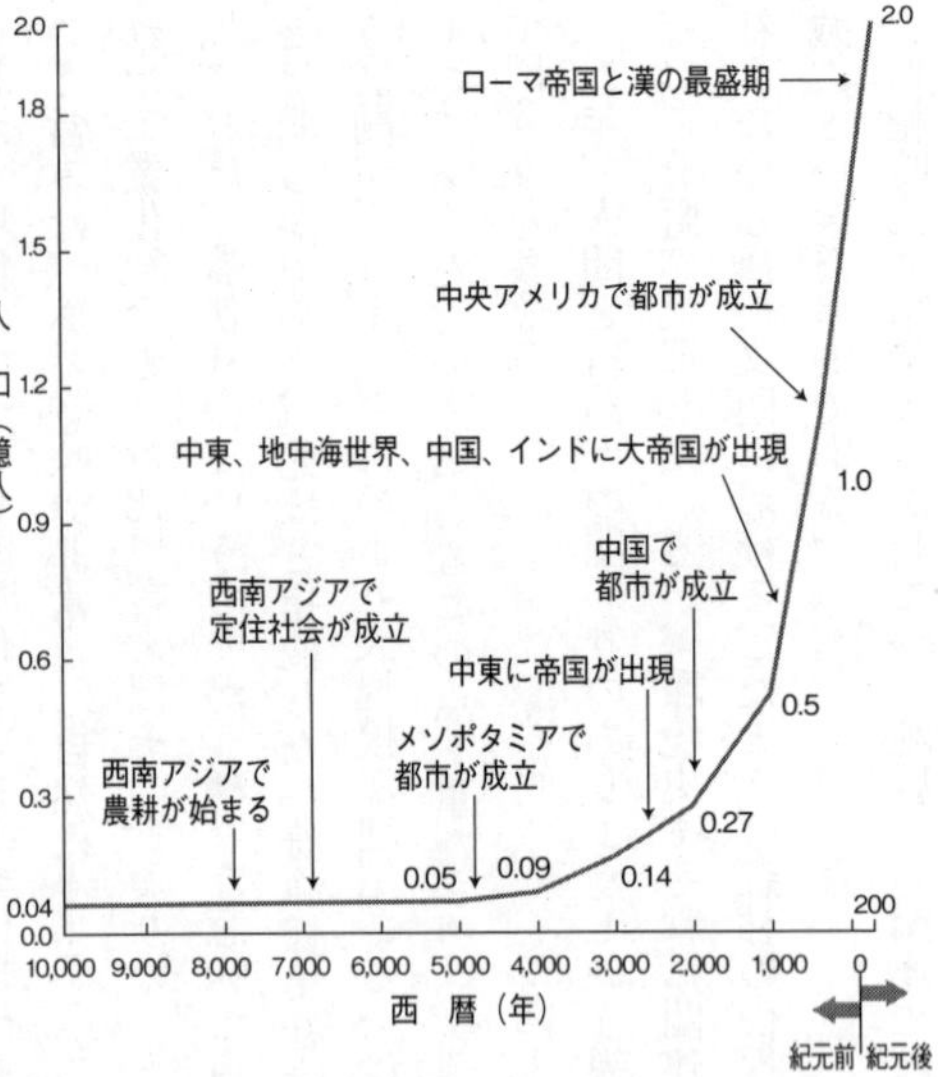

図 3-3　農耕の開始と世界人口の増加

（出所）クライブ・ポンティング［1994］上

背景は、森林の伐採と破壊にあったことを環境考古学者の安田喜憲は提起している（安田［一九八八］）。経済史の湯浅赳男らによれば、ソクラテス（紀元前四七〇～三九九年）の時代からギリシャでは森林破壊によって土壌侵食が進み、農地が荒廃するとともに水不足が進み農民が没落していったとされる。アリストテレス（紀元前三八四～三二二年）の段階ではアテナイで農民が没落し、穀物はほとんど輸入になり、ギリシャは農業国としての存在を維持できなくなっていった（石・安田・湯浅［二〇〇一］）。

こうした当時のギリシャの状況について、クライブ・ポンティングは『緑の世界史』の中で「ギリシャでは、人口の増加や居住地の拡大とともに、紀元前六五〇年ごろから大規模な破壊の最初の徴候が見え始めた。この地域での問題の核心は、国土の約八割を占める農耕不適地での過放牧にあった。ギリシャ人は、地力の維持のために蓄糞などの肥料を使ったり、傾斜地で侵食を防ぐために段々畑をつくる技術を持っていたが、それでも増え続ける人口の圧力はあまりにも大きすぎた。アッティカの山地は、二世代の間に木の生えていない禿山になった」と述べている（ポンティング［一九九四］、強調引用者）。

そして、ヘロドトス、クセノフォン、アリストテレスといった古代ギリシャの哲学者たちはこうした問題に気づいていたと指摘しつつ「森林破壊と土壌侵食の影響をもっとも生き生きと描写しているのはプラトンの『クリティアス』である」として、次のような一節を挙げている。

「昔に比べれば、今残っているものなど病人の骸骨のようなものだ。肥沃で柔らかな土はすべて失われてしまい、後にはむき出しの大地の骨格だけが残っている。今ではハチの餌以外に何もない山でも、それほど遠くない昔には木が生えていたのだ。そこには植林された多くの高い木があり、家畜たちの無限の牧場になっていたのである」（プラトン『クリティアス』）

一方、やがてキリスト教に連なっていく旧約思想を生み出したイスラエル近辺の状況について、環境学の石弘之は、「イスラエル王国の建国期にあたる紀元前九〇〇年〜一〇〇〇年頃は、まだ森林を開墾して農地をつくることは神の意思とされた。ところが、ユダ王国（前九二二年頃〜前五八六）の興隆とともに森林の乱伐に警告するくだりが出てくる」とし、「豊かな地にイバラが茂り荒れ地となる」（イザヤ書）、「獣や鳥も滅びる」（エレミヤ書）といった旧約聖書の記述を挙げている（石・安田・湯浅［二〇〇一］）。

インドの状況については、経済史の湯浅赳男が、「インドのもともとの思想はアーリア人の思想で、ウシ食い民族の思想だった。彼らはパンジャブ平原にやってきて、かなりの部分を荒らしてしまうわけです。さらにガンジスを東へ移動し、木を伐り倒し燃やしてしまう。その結果として、これは仏典にも記載があるわけですが、猛烈な天候不順による飢餓になって、『これはいかん』ということでジャイナ教や仏教が生まれて肉食を止めようということになる」と述べている（前掲書）。

中国の場合はどうか。当時の中国においても森林の伐採と土壌の侵食が大きく進み、そうした背景の下で「人間と自然の関係」に関する様々な思想や論争が展開していった（古代の中国における「環境問題」の生成とそれに対する様々な思想的対応について浅野［二〇〇五］）。こうしたテーマ、つまり「人間と環境・自然」の基本的な関係のありようは、中国における「枢軸時代／精神革命」の実質をなすいわゆる諸氏百家の議論の中での、ある意味で中心的な争点だったとも言えるだろう。

その典型はいわゆる儒教と老荘思想の対立であり、一般的には前者（儒教）は「人間による自然の管理、利用」といったことに肯定的であり、他方後者（老荘思想）の場合は、その「道（タオ）」や「無為」といったコンセプトに示されるように、「自然との調和」によりアクセントを置いた思想であるという具合に理解されている。エコロジー的な文脈でしばしば老荘思想がその先駆的思想として引き合いに出されてきたことは言うまでもない。

こうした点に関し、「比較環境倫理」の重要性を唱えるアメリカの哲学者ベアード・キャリコットは、著書『地球の洞察』の中で「道家たちは『生命地域主義者（バイオリージョニスト）』だったと言えるだろう」と確認した上で、「道教と儒教は一般にまったく正反対の対立した思想として描かれている。道教が自然を重視するのに対して、儒教は道徳や社会や政治を重視するという点で、両者はきわめて対照的である」としながら、しかし儒教における「人間―自然」の関係は、単に前者が後者を管理するといった性格のものではないとする。すなわち、『礼』とは、『（もともと）知覚しうる宇宙のリズムの模倣を本質とするものであり、人間と自然的、精神的環境との調和的な統合を強める手段』である」と述べ、その上で「少なくとも、儒教は、間接的な人間中心主義的（anthropocentric）な環境倫理の基礎となるだろう」と論じている。そして道家と儒家の間の違いよりも、（強制的で人為的な秩序である法による支配を重視した）同時代の法家との間の違いのほうがずっと根本的であるとしている（キャリコット［二〇〇九］）。

いずれにしても、ここで問われているのは、農耕社会という生産・技術パラダイムの中で人間が自然に対する〝開発〟の度合いを強め、物質的生産の量的拡大を推し進めていくことの「限界」とその転換の必要性に関する認識である。

†物質的生産の拡大から内的・質的な発展への転回

以上見てきたように、「枢軸時代／精神革命」が生じた紀元前五世紀前後の時代とは、（今から一万年前に始まった）農耕社会、ひいてはそれをベースとする都市文明の展開が、資源・環境的制約に直面する中で、ある種の根本的な危機に向かいつつある時代であった。

したがって、これら「枢軸時代／精神革命」期の諸思想は、人間の歴史において、農耕社会あるいは農業文明が最初の成熟化そして定常化の時代を迎えつつあった時代に、そのことを基本的な背景として（あるいはその〝危機〟を先取りした新たな価値原理として）起こったのではないだろうか。

そしてそこにおいて生成した様々な思想（ギリシャ思想、旧約思想、仏教、儒教等）は、先に論じたように「普遍的な原理」への志向という点を本質的な内容として含んでいると同時に、

表3-2　人類史における三つの定常化の時代

(1)　心のビッグバン	約5万年前	第一の“定常化” ……狩猟採集社会
(2)　枢軸時代／精神革命	紀元前5世紀前後 （約2500年前）	第二の“定常化” ……農耕社会
(3)　現在		第三の“定常化” ……産業化（工業化）社会

もう一つの特徴として、いずれも何らかの意味での〝物質的生産の量的拡大・成長から、内面的・質的な深化・発展へ〟あるいは〝欲望の際限なき拡大の「抑制」へ〟という方向を共通してもっていたのではないだろうか。

そして、本章のこれまでの議論を読んでいただいた読者の方々にはすでに示唆されているように、このように考えていくと、先ほど狩猟採集社会のところで見た「心のビッグバン」と呼ばれる現象と、この「枢軸時代／精神革命」の時代に起きた出来事との意外な同型性が浮かび上がり、そしてさらには、現代の私たちが置かれている状況との構造的な類似性に気づかされることになる。つまり、ここで注目したいのは、表3-2に(1)〜(3)として示した三者の関係性である。

この場合、これまで見てきた(1)（心のビッグバン）と(2)（枢軸時代／精神革命）について考えれば、この両者は次のような二つの点において共通した性格をもっているのではないか。

それは第一に、すでに論じてきたように、そこにおいて人間の活動や社会の「物質的・量的な拡大から内的・質的な深化・発展へ」という転回が起こったという点であり、「心のビッグバン」に関して言えば、この時期から多くの装飾品、洞窟壁画などのアート、彫刻、宗教といった文化的営為が生成・展開していくことになった。

第二に、これも重要な点だが、それまでの集団ないしコミュニティを一歩さらに〝開く〟という志向性ないし思想が生まれた点である。

枢軸時代／精神革命の思想群の本質が、「普遍的な原理」への志向、つまり異質なコミュニティを「つなぐ」という点にあったという点は先ほど述べた。一方、「心のビッグバン」は、部族本能仮説に関して論じたように、それまでの家族をベースとした狭い範囲の血縁集団から、それを超えたより広範囲の集団ないしコミュニティが、服装や言語などのシンボリックなツールとともに明確な輪郭をもって形成されたのであり、これらは集団を〝開き〟、より大きなつながりやネットワークを築くという点において共通している。

しかしさらに根本的には、部族本能仮説に示される集団のあり方が、かえって集団の「ウチとソト」を強める効果をもったように、枢軸時代／精神革命期の思想群は、それぞれが「普遍的な原理」を自認するがゆえにより強固に排他的ともなりうるという側面をもっていたのであり、次に述べるように、その課題は他でもなく現在に引き継がれているのである。

†「普遍的な思想」の多様性と〝リージョナルな住み分け〟

「枢軸時代／精神革命」期に生まれた思想の内容に関連して、重要と思われることを簡潔に述べておきたい。

ここまで論じてきたように、これらの思想の共通した特徴は、その「普遍的な原理」への志向にあるが、しかし各々の思想や世界観の中身を具体的に見てみると、それは対照的とも言えるほど異なる内容のものである。

すなわち、旧約思想～キリスト教の場合は、それは超越的かつ人格的な唯一神という形（およびそれと人間をつなぐ媒介者としてのイエス）をとり、仏教の場合は、いわば〝宇宙の根源的生命〟ともいうべき原理（およびそれと人間をつなぐ媒介者としてのブッダ）という形をとっている。

以上の二つの彼岸性ないし超越性に比べると、儒教に象徴される中国の思想とギリシャ思想とは、「この世界（人間の世界）」にとどまるという志向ないし現世親和性が強く、倫理面ではいずれも共通して「徳（ギリシャ語のアレテー〔徳、卓越性〕、英語の virtue）」という価値を重視するものとなっている（ただし儒教の場合の「天」といった概念のように、そこには非人格的でありつつ超越的な性格をもつ規範原理の要素も含まれている）。

こうした把握を踏まえてあえて大きな概括を行うことが許されるならば、私自身のイメージでは、これらはそれぞれ、

・「超越者」原理……旧約思想～キリスト教の場合
・「宇宙」原理……仏教の場合
・「人間」原理……儒教（中国）およびギリシャ思想の場合

とも呼ぶべき性格の価値原理と言えるだろう。その全体的なイメージをまとめるとそれは図3-4のようなものとなる。

若干の補足説明を行うと、図3-4の左において「自然信仰」としているのは、時代としては主に狩猟採集社会における先ほどの「心のビッグバン」の時期に対応し、自然の様々な具体的事物や現象の中に物質的なものを超えた何ものかを見出すような感覚ないし世界観・自然観をベースとするものであり、これについて私自身は「自然のスピリチュアリティ」という視点から論じてきた（広井［二〇〇三］など）。

これらが、農耕社会の前半期における階層化された社会や都市文明における宗教や神話体系（ベラーのいう「古代宗教」）というステップをへて生成したのが他でもなく枢軸時代／精神革命

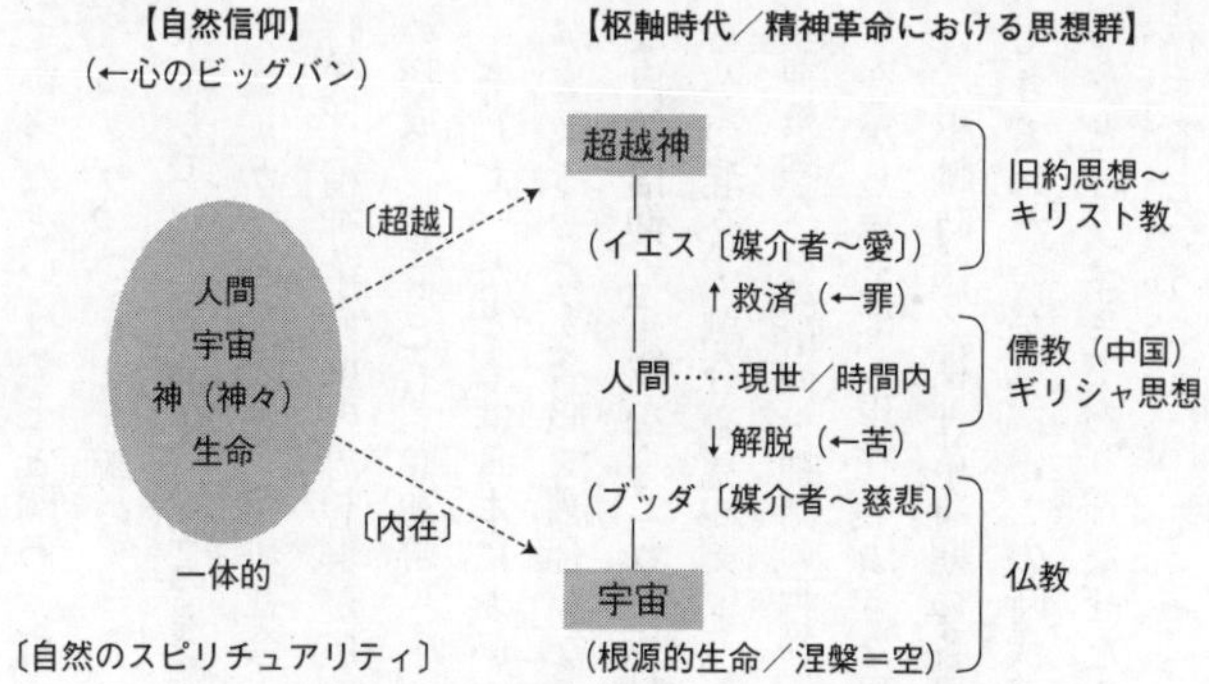

図 3-4　枢軸時代／精神革命における思想の関係構造

期の思想群であるが、その内容や世界観は上記のようにきわめて多様である。

ところで、こうした多様性はそもそも一体なぜ生じたのだろうか。これについて、ここで詳しく論じる余裕はないが、あえて結論だけを述べるとすれば、それはそうした思想ないし世界観を生み出した地域における「風土」ないし環境の相違がもっとも大きい、というのが私自身の理解である。そうした異なる風土的環境における人間と自然の関係のありようが、生命観ないし「人間―自然―神（ないし超越的な存在）」の理解のあり方に根本的な相違をもたらしたのではないだろうか（この話題に関しては広井［二〇〇五］参照。また風土と超越者観念の関連について鈴木［一九七六］参照）。

そしてこの点は、枢軸時代／精神革命期に生まれた思想群が、やがて地球上の各地に急速に広がりつつ、しかし同時にある種の〝リージョナルな住み分け〟を実現していったということと関わってくる。

つまり、（キリスト教のミッションがヨーロッパによる世界各地域の植民地化の先発部隊の役割を果たしていった）近代以降の展開より以前の世界の状況を見るならば、狩猟採集社会が中心のアフリカなどを除き、農耕社会となった地球上の各地域においては、何らかの形でこれら枢軸時代／精神革命期の思想群が広がり浸透していくことになった（ある種の〝地球・思想マップ〟の形成、つまりこれら思想群によって色分けされた地球がそこに出来上がったことになる）。

そして、たとえば日本において（後に神道と呼ばれることになる）自然信仰の上に仏教や儒教が〝乗る〟ような形で融合がなされていったように、地球上の各地域におけるもっとも基盤的な自然信仰に、後からこれら枢軸時代／精神革命期の思想群が流入し、様々な葛藤とともに何らかの混合・融合を見せるという現象が、世界の各地で生じていった（たとえば北欧において多神教的な自然信仰・神話の世界にキリスト教が入っていったように）。

今から思えば、現在のような形で本格的なグローバリゼーションが展開していなかったために、枢軸時代／精神革命期の各思想が、結果的に〝リージョナルな住み分け〟をある程度実現できていたのが近代までの時代だったと言えるだろう。それはある意味で非常に幸運な事態だったと言うべきであり、なぜなら自らが「普遍的な原理」を体現すると自認する思想同士が共存するということは、そうでない場合に比べて、はるかに困難な（原理的には不可能な）ことだからである。

〝複数の〟〝普遍性を自認する〟思想の衝突や共存可能性という課題に二一世紀の私たちは直面しており、そのテーマには本章の5において「地球倫理」という主題とともに再び立ち返りたい。

4 近代における「倫理の外部化」——マンデヴィル的転回

†「私利の追求」の肯定

ここまで見てきたような、人間の歴史における「心のビッグバン」そして「枢軸時代／精神革命」という、それぞれ狩猟採集社会と農耕社会における生産—技術パラダイムが飽和ないし資源・環境的な臨界点に直面した時代に生成した根本的な変化。これに匹敵するような分岐点——第三の定常化の時代——を迎えつつあるのが現在の私たちである。

そうした第三の成長・拡大と定常化のサイクルのいわば起点をなすのは、言うまでもなく一六・一七世紀前後からの、ヨーロッパ世界の拡大とパラレルに展開した市場経済の拡大そして資本主義の勃興であり、それはやがて一八世紀後半の産業革命とそれに続く急速な産業化（ないし工業化）の進展によって加速していく。

ところで、この時代にいったい何が起こったのか、あるいはこの時代以降の人間や社会をそれまでの時代と分かつものは何かという問いに関して、ここでの文脈あるいは私たちの関心にとって重要な視点を示しているものとして、バーナード・マンデヴィル（一六七〇〜一七三三）の『蜂の寓話（The Fable of the Bees）』という作品がある。

この著作についてはすでに多くが語られてきたが、あらためて確認すると、マンデヴィルはオランダのロッテルダムに生まれ、やがて医師となり、その後ロンドンに移り住んで開業しながらいくつかの風刺的な作品や社会に関する論考を発表した文筆家・思想家である。『蜂の寓話』はいくつかの部分からなり一七〇五年以降順次公表されていったが、一七二三年の版からその〝反道徳的〟な内容が世間で大いに注目されるようになり、当時のミドルセックス州大陪審が本書を告発しマンデヴィルが弁明を行うといった出来事もあった。またこの著作あるいは彼の思想は、ヒューム、アダム・スミス、ベンサム、ミル、ヴォルテールといった人々に様々な次元で影響を与えたと言われる。

マンデヴィルの著作が〝反道徳的〟とされたのは、同書が、人間の私欲や名誉心こそが社会の発展にとっての原動力になるという、その主張の内容や彼が挙げる個別の事例についてであったが、マンデヴィルの議論は、単なる功利主義ということに尽きないテーマを含んでいる。

それが、他でもなく同書のサブタイトルになっている「私益すなわち公益（Private Vices, Public Benefits）」という世界観である。彼の議論を少し聞いてみよう。

「確かに、欲望が少なく、求めることが少なければ少ないだけ、人は自分自身にとってそれだけ気楽である。家庭にあってますます敬愛されるであろうし、それだけ厄介者ではなくなる。平和と調和を愛し、隣人にたいして慈悲心をもち、真の美徳に輝いていればいるだけ、神と世間にうけいれられることは疑いない。だが、正しくいうことにしよう。国民の富や栄誉や世俗的な偉大さを高めるのに、以上のことはいかなる利益でありえ、あるいはいかなるこの世の善をなしうるだろうか。」（マンデヴィル［一九八五］）

このように、たとえば質素倹約といった個人のレベルでの〝美徳〟が社会全体の利益にはつながらない、ということをマンデヴィルはまず指摘する。

その上で、彼は「気前のよい放蕩者や物惜しみしない相続人」「貪欲で偽証をする悪漢」といった例に言及しながら、「大きな社会をつくるのに要求される大勢の労働貧民に正当な生計をあたえるため、人間の才能に考えだせるあらゆる種類の労働が行われるようにするには、上にあげたような厄介者や人非人が必要なのである」と述べる。さらに、

「商売や製造業の種類が多ければ多いだけ、それらが骨の折れるものであればあるだけ、多数の領域に分かれていればいるだけ、ますます大勢の人間がおたがい邪魔することなく社会のなかに包含され、いっそうたやすく富裕で強力で繁栄する国民になるであろう。美徳が人手を雇うことはほとんどなく、したがってそれによって小国が善良にはなるかもしれないが、けっして大国にはなれない。強壮で勤勉であり、窮境では忍耐強く、どんな仕事においても精を出すというのは、賞賛すべき性質である。しかし、それではおのれの務めをはたしているだけであるから、報いはそれ自身にとどまり、技巧も精励もなんら敬意を表していないのである。」(同書、強調引用者)

ここには、素朴な形ではあれ、〝資本主義の精神〟ともいうべきものが凝縮された形で表現されていると言えるだろう。ここでのポイントは、まず先ほども確認したような「私的ないし個人のレベルの美徳ないし悪徳」と「公的ないし社会のレベルでの利益」という、「公―私」の二つの次元の明確な区別である。単純な話、皆が節約に励み、消費を抑制するという行動をとった場合、それは個人のレベルでは望ましい行いかもしれないが、それによって経済全体はシュリンクし、結果的に互いがますます貧困に陥ることになる。

†パイの「成長・拡大」という基本条件

では、なぜ「個人の悪徳」が「社会の利益」につながるのか。それをつなぐ論理あるいは条件は何か。実はここでもっとも本質的なポイントとなるのが、他でもなく「富の総量あるいは経済というパイの成長・拡大」という点ではないだろうか。先ほど見たマンデヴィルの文章の中に、「大きな社会」とか「商売や製造業の種類が多ければ多いだけ」といった表現が繰り返し見られるのはこのことと関わっている。

つまり、考えてみればごく単純なことであるが、もしも経済あるいは資源の総量というものがある一定の〝有限な〟範囲にとどまるのであれば、一人の強欲ないし取り分の拡大は、そのまま他の者にとっての取り分の減少を意味する。しかしもしもそうした「パイ」の総量が拡大・成長しうるものだとすれば、状況は一変し、むしろそうしたパイの拡大を促すような個人の行動こそが（他の者にとっても）望ましいということになる。

「個人の私利の追求→経済のパイの拡大→（当人そして他者を含む）社会全体の利益の増大」というサイクルの開始であり、まさに資本主義を支える論理である。第1章の議論ともつながるが、資本主義とは、「〝私利の追求〟ということを最大限に（うまく）活用したシステム」に他ならないからである。

そして、もうひと回り論点を広げることになるが、マンデヴィルよりも後の時代を含めてこの「経済のパイの限りない拡大・成長」を可能にした条件は、（産業革命を通じた新たな技術パラダイム、そしてそれによる地下資源・エネルギーの活用とともに）地球上の他の地域つまり植民地への進出とそこでの大規模な資源開発であった（ちなみに経済史家のポメランツはその著作『大いなる分岐（The Great Divergence）』の中で、ヨーロッパにおいてそれまでの人類史と異なるこうした大きな断絶が生じた原因を、石炭と植民地という二つの偶然的・地理的要因に求めている。Pomeranz［2000］）。

つまり、整理して言えば、ここでは二つの次元が関係しており、すなわち、

(1)「個人と社会」の関係……個人は共同体の拘束を離れて自由に経済活動を行うことができ、かつそうした個人の私利の追求が社会全体の利益になるという論理〔共同体からの個人の独立〕

(2)「人間と自然」の関係……人間は（産業）技術を通じて自然をいくらでも開発することができ、かつそこから大きな利益を引き出すことができるという論理〔自然からの人間の独立〕

という二者が、それまでにない大規模な形で展開し、それを通じて経済のパイの「拡大・成長」が追求されていったのが、それ以降現在に至る三〇〇年前後の時代であった。

†近代社会における「倫理の外部化」

以上のことを、「倫理」ないし規範という観点から見るとき、こうした方向が全面的に展開するようになった近代という時代における「倫理の外部化」ということを指摘することができるように思われる。それは次のような意味である。

一般に、近代以前の伝統的社会においては、倫理ないし規範はなんらかの意味で〝内的に個人の行動を律するもの〟として存在していた。たとえば、先に枢軸時代／精神革命期の思想群について見たけれども、ギリシャや中国における「徳」にしても、旧約思想〜キリスト教にしても、仏教にしても、それらは何らかの形で個人の行動や生き方、考え等を内面的に律するような性格のものであった。

しかし近代社会においては、先のマンデヴィルのような思想を一つの先駆としつつ、次のような二重の意味で「倫理の外部化」が生じたと言えるのではないか。

第一に、貧困削減あるいは貧者の救済、それを通じた一定の平等の実現といったこと（機能として言えば富の「再分配」）を担当するのは「政府」（という社会的装置）の役割とされ、市場経済の領域においては個人が私利の追求を行うことがむしろ積極的に肯定されたこと。

第二に、より根本的な点であるが、人間や社会を律する価値原理は個人の「自由」が基軸となり、その一方で、個人の「権利 right」というコンセプトが立てられ——当初は自由権、やがて（資本主義がさらに展開していった後の時代に提案される）「社会権」ないし「生存権」が含まれるようになる——、後者が前者をいわば〝外在的〟に規制するものとされたこと。

この場合の〝外在的〟という意味は、ある個人の「自由」を制約するものは原理的に存在しないが——つまり以前の時代の「徳」といった、個人を内面において律するような価値は存在しないが——、しかしそれが他者の「自由」あるいは（自由権や生存権を含む）権利と抵触する限りにおいて、個人の自由は制約を受けるという意味である。言い換えれば、要するに「自由」よりも上位の価値は存在しないということである。


以上のうち、まず第一の点についてごく簡潔に補足しておこう。

図3-5をご覧いただきたい。これは、近代以降の社会システムにおいて主要なアクターとなる「市場—政府—コミュニティ」という三者と、フロイトの枠組みにおける「〝エス〟—超自我—自我」の三要素を対比的に示したものである。

こうした二つのモデルが同じ文脈で論じられることはないので、この対比は奇妙に感じられ

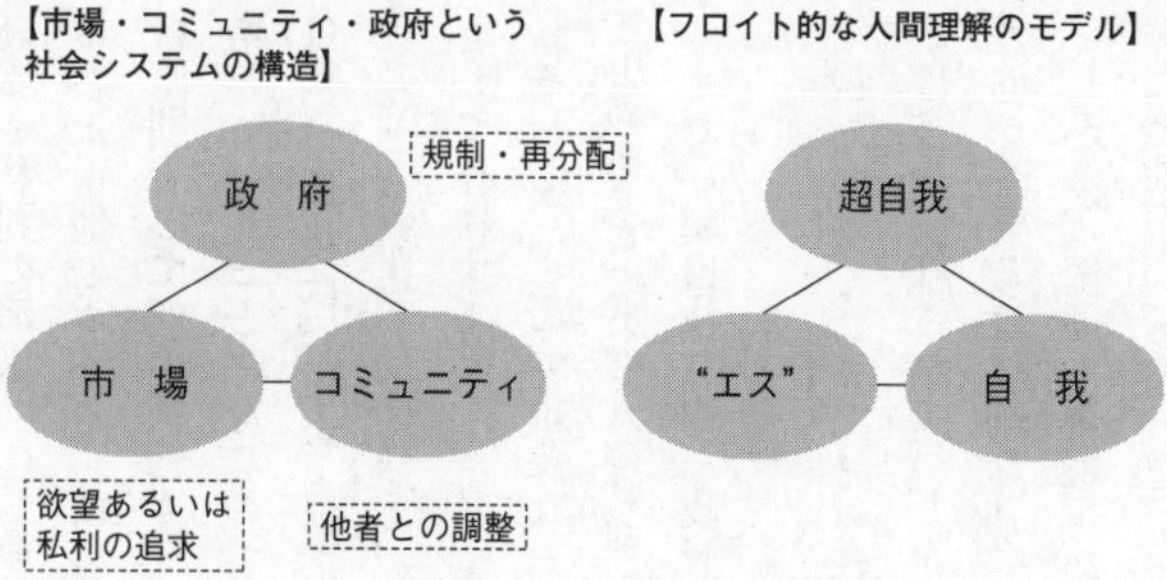

図 3-5　近代社会における倫理の外部化（1）
——政府という「再分配」装置への外部化

る方も多いかと思うが、私はある時、この全く別の文脈で提示される二つのモデルが、非常によく似た構造をもっていることに気づき、興味深いと感じた。

つまり、まずフロイトのモデルのほうから見ると、そこですべての〝駆動力〟となるのはフロイトが「エス」（ドイツ語の「それ」だが、ラテン語の「イド」が使われることもある）と呼んだ存在、つまり人間あるいは生命の源泉にある（性的なものを含む）心的エネルギーである。しかしこれだけでは社会は混乱するばかりなので、それを規範的な立場から規制するのが「超自我」であり、他方、「エス」と「超自我」の間に立って〝調整〟を行うのが（フロイトのこのモデルにおける）「自我」である。

以上の説明を聞くと、実はこれが近代的な社会システムにおける「市場」「政府」「コミュニティ」の関係と非常によく似ていることに気づかされる。

つまり、先ほどマンデヴィルにそくして資本主義における「私利の追求」について見たように、近代社会システムにおいてすべての〝原動力〟になるのは、他でもなく「市場」における個人の私利の追求ないし欲望であり（＝エス）、これには原則として何の制約もない。ただし、それだけでは社会の混乱を招き、あるいは貧富の差が増していくことになるので、それを規制・再分配によって是正するのが「政府」である（＝超自我）。最後に、市場と政府をそのベースにおいて支えているのが「コミュニティ」であり（これには家族が含まれる）、それは以上の二者（市場と政府）に比べれば若干裏方的な、調整役として存在する（＝フロイトのモデルでの自我）。

そして、ここで重要な点は、フロイトの「エス」にしても、近代的な社会システムにおける「市場（そこでの個人の私利の追求）」にしても、それらは内在的な制約をもつものではなく、あくまで「超自我」や「政府」という、外在的な第三者によってのみ規制を受けるという点である。

したがってここに見られるのは、先ほど見たマンデヴィルの（いくぶん粗野な）議論が、いわば多少洗練されて、しかも正当化された形で公認された姿と言えるのではないだろうか。私たちが生きる近代的な社会システムは、マンデヴィル的な世界観の上に築かれている。

しかも、倫理や規範、あるいは貧困救済といった（それ以前であれば地域社会や宗教が担っていた機能が）「政府」という存在に〝外部化〟されたため、時代がさらに進んでいくと、人々は社会において何らかの貧困や不平等などに関する問題が生じると、それはすべて「政府」の責任であるように論じられ、直接自分自身や地域コミュニティなどが関わる問題とは感じないようになっていった。そうした現実的な意味でも「倫理の外部化」が進んでいったのである。

ただしこのような展開は、両義的な面をもっている。いま、「倫理の外部化」ということをどちらかというと否定的な文脈で述べたのだが、見方を変えれば、そのような〝外部化された装置（政府の再分配による貧困削減や格差是正）による対応〟がなければ問題が解決しないほど、近代社会とりわけ産業化（工業化）以降の社会においては貧困や格差というものが深刻かつ大規模のものになったと言えるだろう。もちろんそれは、他でもなくマンデヴィル的な「私利の追求」の全面展開がもたらしたものだったが、いずれにしても「倫理の外部化→政府という装置を通じた再分配」を必要とする時代の要請がそこには存在していた。

つまり言い換えれば、枢軸時代／精神革命の諸思想のように個人の徳や〝内面的な倫理〟そして行動原理を説くだけでは到底〝追いつかない〟ような新たな状況がそこに生まれたのである。「共同体ないしコミュニティにおける個人の倫理」だけでは不十分で、それに代わって（無数の独立した個人からなる）「社会」というものが現出していったのがこの時代の基本的な特質である（日本や中国において、society に相当する言葉がなく、その訳語を作るのに苦心したというのはよく引かれる逸話であろう）。

同様に、それまで「貧困」という問題に対処していたのは主として各地における（広い意味での）宗教やそれに関連する組織だったが、その中心的な主体が「政府」という新たな世俗的・社会的装置に移行していくのもこうした文脈で生じることになった（貧困と宗教との関わりについてボードイン［二〇〇九］参照）。

†自由の一次性と「権利 right」

以上はここで「近代社会における倫理の外部化」と呼んでいる事柄の第一の局面であるが、先ほど指摘したように、ある意味でより根本的な第二の局面がある。

それを示したのが図3-6であるが、要点は先に述べたことにほぼ尽きている。つまり、もっとも重要な価値は「自由」とされ、これはもちろん「個人」の自由であり、マンデヴィルのところで見たように、共同体の制約から独立した個人が自由な経済活動あるいは政治的行動を行うことが中心にある。そして「自由」よりも上位の価値はなく、したがって自由は他者の自由と衝突する限りにおいてのみ（つまり自由という原理内でのみ）制約を受けるという考え方である。

重要なことに、こうした「自由」は、単なる〝事実〟としての自由を意味するのではなく、それは「権利」としての自由として立てられる。ここで大きな注意が必要な点だが、「権利」

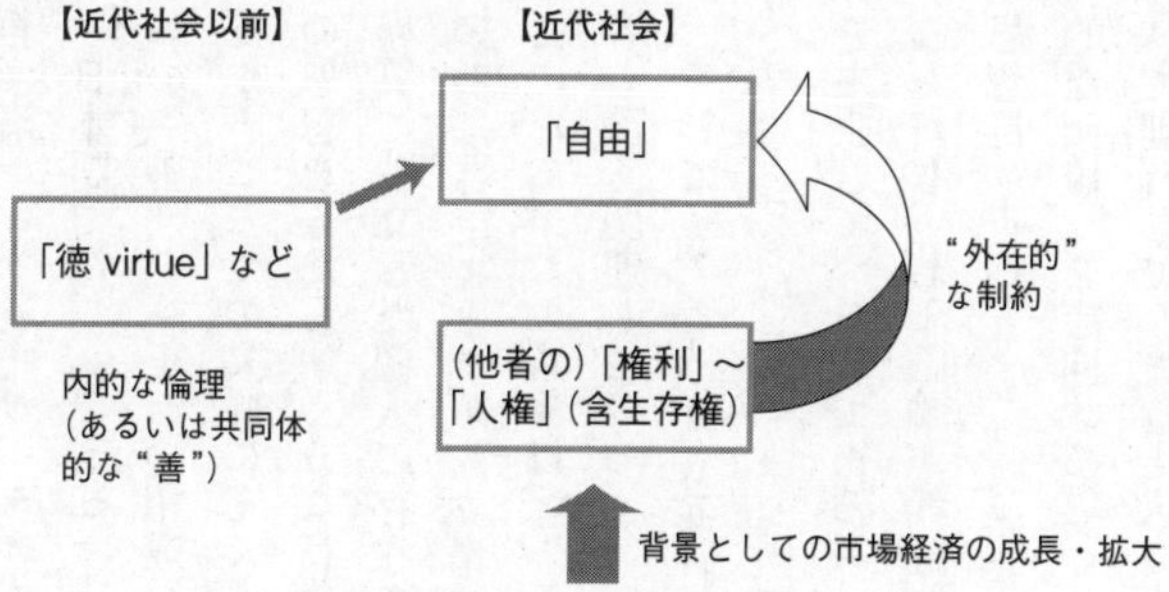

図 3-6　近代社会における倫理の外部化（2）
――「自由」の一次性とその外在的規制

という日本語は、言うまでもなくもとの英語は right であるが、それは本来「正しいこと」という意味である。

実は「right」という言葉ないし概念をどう日本語に訳すかは明治期にかなり議論となり、結果的に「権利」という新たな言葉が作られそう訳されるようになったのだが、しかしたとえば和辻哲郎は、「権利」の「権」は〝力〟を表す言葉で、また「利」は利益という意味と通じるので、もともとの「right」という英語の含意ないし語感と日本語の「権利」とは全く違ったものになっているという趣旨のことを論じている（和辻［一九五二］）。

そうした「権利 right＝正しいこと」という概念のもつ本来の含意を確認した上で、近代社会において基軸となった自由主義（リベラリズム）の本質は、「善 good」に対する「正 right」の優位をうたう点にある、ということを一貫して主張してきたのが、二〇一〇年に日本で『これからの「正義」の話をしよう』で〝ブレイク〟したアメリカの哲学者マイケル・サンデルだった。

日本語では、「善good」という言葉は〝倫理的に正しいこと〟という意味にも使われるので、この「善」と「正」の相違の議論は（日本語の語感にそくして論じる限り）誤解を招きやすいのだが、ここでの文脈にそくして概括的に述べるならば、ある共同体の中で、その構成員に共通の恩恵をもたらすような行為や価値が「善（ないし共通善）」であり、他方、近代社会のような異質で独立した個人の存在を前提とした上で、そうした共同体的な（共通）善は括弧に入れ、いわばニュートラルな立場で個人の「権利right」に一次的な価値を置くのが「正」ということになる。この議論は、ここで「近代社会における倫理の外部化」という表現で論じている内容と深く関連している。

そして（アメリカの公共哲学の用語であるコミュニタリアニズムに親和的あるいは少なくとも「リベラル・コミュニタリアン」である）先のサンデルは、何らかの形での「善」の復権を図る必要を主張しているのである。

ただし、若干議論が錯綜するが、すでに見てきたように、枢軸時代/精神革命期に生まれた思想群（古代ギリシャ哲学を含む）は、むしろ個別の共同体ないしコミュニティを超えた「普遍的な価値」を志向するという点に本質があるので、それを「共同体の共通善」という言葉ですべて理解してしまうと大きな誤解を招くと思われる。それは「内的に個人を律する価値」ではあるが決して特定の共同体内部にとどまるものではないからだ。

†資本主義の進化と「権利」の変容

議論を「自由」そして「権利」の話に戻そう。

すでに見てきたように、近代的な社会システムにおける「権利」は当初「自由権」という形で「自由」の根拠づけとして（まさに個人の「自由」が「right＝正しいこと」という正当化の論理として）展開していったが、それは時代が下り、資本主義がさらに大きく展開する中で、社会権とりわけ生存権といった〝積極的な〟権利にまで広がっていった。

なぜそのようなことが生じたのだろうか。実はここで、他でもなく本書の第1章で論じた資本主義の進化と福祉国家をめぐる話がそのままクロスしてくるのである。

図3-7をご覧いただきたい。これは第1章で行った議論とここでの話題をクロスさせたものである。第1章で述べたように、資本主義システムにおけるセーフティネットは、その流れを大きくとらえ返せば、

① 市場経済から脱落した者に対する事後的な救済（＝生活保護ないし公的扶助）……図のA

② 一九世紀後半以降の、社会保険という〝防貧〟的ないし予防的なシステム……図のB

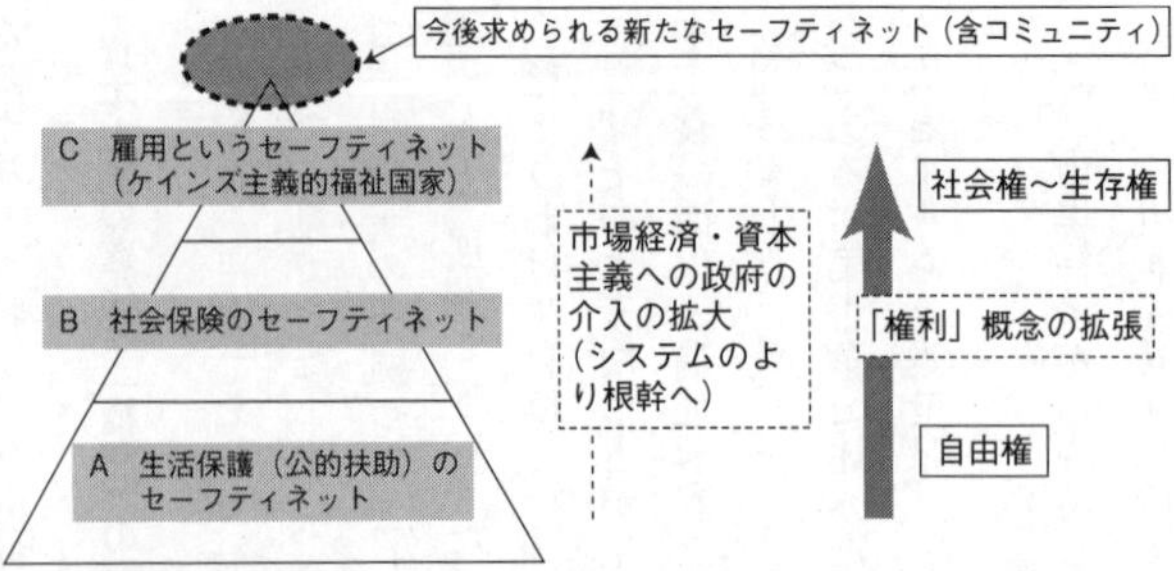

図3-7　資本主義におけるセーフティネットの進化と「権利」概念の変容

③　二〇世紀後半以降の、政府の様々な事業による雇用そのものの創出（＝ケインズ主義的福祉国家）……図のC

という流れで進化してきており、これは「事後的→事前的」という方向で、市場経済あるいは資本主義のシステムの根幹に政府の介入が及んできた流れとして総括できるのだった。

そしてこの流れは、ここでの話題である「権利」という概念にそくして見るならば、他でもなく「自由権」から「社会権、生存権」という、より積極的な権利概念への展開と相互に呼応するように展開してきたのである。

つまり、資本主義が展開する中で、単に自由権をベースとし、自由放任的な市場に事後的に介入するだけでは、格差の増大や（生産過剰による）経済恐慌等を抑えきれなくなり、そこで社会権ないし生存権といった方向にいわば「権利」概念を拡張し、それとパラレルに上記のような市場への政府の介入政策を強めていったのである。この場合、たとえば社会権や生存権といった概念の生成は、「社会民主主義」――市場経済への政府の介入を積極的に肯定する政治理念――の展開とも呼応しており、それはすなわち「福祉国家」という、資本主義と社会主義の〝中間の道(the middle way)〟の生成とも重なっていた。

そしてその限りにおいて、近代的な社会システムあるいは資本主義における基軸的な価値をなした「自由」は、順次〝制約〟を受けることになっていったと言えるだろう。

しかしながら、まさに第1章で論じたように、こうした対応、つまり二〇世紀後半以降の「成長」主義的なケインズ的福祉国家のパラダイムの中での対応では解決が困難な多くの課題――とりわけ構造的な生産過剰による慢性的な失業とそれに伴う貧困や格差拡大そして環境・資源制約の顕在化――が噴出しているのが現在であり、資本主義というシステムのもっとも〝上流〟ないし根幹にさかのぼった対応が必要になっている。そこでの社会システムや政策に関する対応の方向については第1章と第2章である程度論じたが、同時に、本章で見てきたような倫理や価値といった側面においても新たな視点が必要になる。

言い換えれば、これまでの流れのように「権利 right」概念を拡張していくという方向では不十分であり、価値そのものについての根本的な再考が求められているのである。

5　ポスト資本主義／定常型社会における価値

†経済社会システムと倫理の進化

ここまでの議論を確認すると、マンデヴィルに象徴されるように、近代社会において「倫理の外部化」とも呼ぶべき現象が生じたが、そうしたことが起こった基本的な背景として、「経済の拡大・成長」という社会的な構造ないし条件（個人の私利の追求→パイの拡大→社会全体の利益という構造）があったということをまず指摘した。しかしそうした構造そのものが、第1章から論じてきたような、人々の需要の飽和を背景とする経済の成熟化・定常化とそれに伴う資本主義の変容の中で根底から変わりつつある。

したがって、私たちが現在迎えつつある、市場経済の拡大・成長が終焉する「定常型社会」においては、新たな形での倫理ないし価値が求められているのではないか。言い換えれば、ポスト資本主義あるいは定常型社会における「倫理の再・内部化」という課題に私たちは直面しているのではないか、というのがここでの基本的な問題意識である。

では、そうした「倫理の再・内部化」において生成する新たな倫理あるいは価値はどのようなものとなるのだろうか。そのような時代状況を生きていく私たちは、どのような価値をよりどころにしうるのだろうか。

この根底的なテーマについて、私自身が確かな結論に達したとは言えず、なお探求途上にあると言う以外ないが、しかしここまで本章の中で展開してきたような思考の枠組みや視座を踏まえた上で、一定の手がかりないし展望は浮かび上がってくるのではないかと思える。そうしたことを、「経済社会システムと倫理の進化」とも呼ぶべき視点から以下でまず素描してみたい。

†互恵的利他行為——規範あるいは倫理の起源

駆け足で概観すると、現在の私たちに連なる現生人類（ホモ・サピエンス）が約二〇万年前頃に地球上に登場し、主に狩猟採集社会を営んでいた段階においては、「倫理」あるいは利他的行動の原初的な形態として、進化生物学などで「互恵的利他主義（ないし互恵的利他性）reciprocal altruism」と呼ばれるものが存在していた（トリヴァース［一九九一］）。なお「互恵性reciprocity」は社会科学分野では「互酬性」と訳されることが多い）。

もともと、生物ないし動物になぜ「利他的行動」が見られるのかというテーマは、ダーウィン以来の（あるいはそれ以前からの）大きな関心事であり、ベストセラーとなったリチャード・

ドーキンスの『利己的な遺伝子』もまさにそうした話題に関わるものだった（実際、ドーキンスは同書の初めで「私の目的は、利己主義と利他主義の生物学を研究することである」と明言している）。

こうしたテーマは、一九八〇年代頃からは「協力行動の進化」といった話題とともに経済学でのゲーム理論等とも結びついて展開し（メイナード＝スミスの『進化とゲーム理論』［一九八二］やアクセルロッドの『協力の進化』［一九八四］など）、さらに九〇年代以降そして二〇〇〇年以降は、脳研究、進化心理学、行動経済学等々と融合ないしクロスしながら、学問研究の新たな潮流ないしパラダイムを形成しつつあると言ってよいだろう。

分野によってアクセントや文脈の違いはあるが、本章の初めでも指摘したように、そこにある一つの基底的な問題意識は、近代的な「独立した個人」ないし〝利潤極大化（効用最大化）のみを追求して行動する経済人〟といったモデルへの疑義であり、利他的行動や他者との関係性、ケアやコミュニティ、倫理や価値といった、近代的なモデルに還元できない人間の側面に対する関心が背景としてある（こうした話題に関し広井［二〇〇九b］第6章参照）。

「互恵的利他主義」の話に戻ると、一般に、生物あるいは動物の利他的行動の根拠として考えられるのは、①血縁性と②互恵的利他主義の二者である。①は親が子どもを守るなど何らかの血縁性がベースとなって利他的行動が生じる場合で、これは広く動物に見られる（このことを、アリやミツバチといった〝社会性昆虫〟等にそくしながら、包括適応度という概念を用いて鮮やかに一般化して示し、「遺伝子の利己性理論」の土台を作ったのが生物学者のハミルトンだった。この話題に関してはドーキンス［一九九一］、真木［一九九三］等参照）。

他方、②の互恵的利他主義は、文字どおりお互いに相手の利益になるような行為を行うということであり（ある種の鳥が、危険な病気を媒介するダニを互いに毛づくろいして取り合うなど）、これは相互に相手を〝利用〟することでもあり、実のところ「互恵的〝利己〟主義」とも言える。

こうした行動は同時に行われることもあるが、一定の時間を置いてなされることもあり、その場合は「遅延性の互恵的利他主義」と呼ばれる。単純に言えば、〝自分に何か親切をしてくれた人に対し、しばらくして出会った時、お返しをする〟ということだが、こうしたことは「互いを個体として識別し、かつ記憶できる種においてなら、進化することが可能」であり、ドーキンスは著書の中でチスイコウモリにおいてそうした行動が見られる例について議論している。また「人間には、長期の記憶と、個体識別の能力がよく発達している。したがって、互恵的利他主義は、人間の進化においても重要な役割を果たしたことが予想される」ことになる（ドーキンス［一九九一］）。

しかしもちろん、こうした遅延性の互恵的利他主義に関しては、相手の親切に対して自分はお返ししないとか、最初から他者に親切にしない等々といった様々な〝戦略〟がありうるわけで、これについて多くの研究が蓄積されてきたのが（繰り返し）ゲーム理論などの領域であり、たとえばそうした様々な戦略のうち、「やられたらやり返す（tit for tat）」という戦略が勝利を収めるということを、コンピューターシミュレーションを使って示したのが先にふれたアクセルロッドの議論だった（アクセルロッド［一九九八］）。

さらに、こうしたゲーム理論でよく扱われる「囚人のジレンマ」は二人のプレイヤーに関するものだが、これを三人以上の多人数のプレイヤーつまり「社会」のレベルで適用したのが「社会的ジレンマ」と呼ばれる話題であり（「公共財ゲーム」とも呼ばれる）、これについても（フリーライダーを減らすために処罰ないし制裁を入れたらどのような効果が生じるかといった点を含めて）多くの研究がなされてきている（「社会的ジレンマ」に関して山岸［二〇〇〇］、近年の研究の包括的レビューとして友野［二〇〇六］、生物人類学の視点からのものとして内田［二〇〇七］参照）。

ここでの問題意識に戻ると、いずれにしても、少なくともこうした（血縁性を超えた）「互恵的利他行為」というものが、狩猟採集を基本とする人間社会の初期段階からすでに何らかの形で存在していたのは確かである。逆に言えば、先ほど「互恵的〝利他〟主義」はイコール「互恵的〝利己〟主義」でもあると指摘したように、そうしたいわば「利己／利他」の未分化な行動形態——いまだ「倫理」と呼ぶのは困難な性格のもの——がそこでは存在していたということになる。

†「心のビッグバン」と規範／文化の自立

議論を先に進めると、以上に対し、狩猟採集社会の後半期——私の仮説では、狩猟採集社会が当初の「拡大」期を経て、何らかの意味での最初の成熟・定常期に入った時期——に生じたと考えられる「心のビッグバン」以降においては、倫理に関する次のような重要な展開が生じたのではないか。

すなわちこの時期においては、先にも言及した「部族本能仮説」（ボイド&リチャーソン）が指摘するように（血縁を超えた）コミュニティというものが明確に成立し、かつコミュニティの「内／外」が明確に区分されるようになり、そこにおいて同調的な行動や規範が成立するに至る。また、言語や装飾品などのシンボル的な事物が生まれ、それがコミュニティないし集団の境界を明確にするとともにそのアイデンティティとなっていく。厳密には、本章の初めで「重層社会」という話題にそくして述べたように、コミュニティというものは人類が生まれた当初から成立していたのだが、そうしたシンボリックなコミュニティが外部との明確な境界をもって成立するのがこの段階ということになる。

こうした段階ないし構造において生じるのが、「規範」とその内面化（内部化）と呼ばれる現象だろう。すなわちここで、先ほどのような（自発的な）「互恵的利他主義」という次元を超えた、集団ないしコミュニティという単位における、一定の強制性をもった「規範」が成立する。「規範」はやがて個体ないし個人において〝内面化〟され、つまりそれを遵守すること自体が一定の満足感をもたらすようになったり、何かのための手段ではなくそれ自体が「目的」として存在し意識されるようになる。

つまり規範が（欲求に対して）ある種の自立性をもつようになるのである。そうした内面化の結果、規範を守った場合に一定のプラスの感情を抱いたり、逆の場合に（後悔、罪悪感など）マイナスの感情をもったりすることは「社会的感情」と呼ばれ様々に論じられてきた（友野［二〇〇六］参照。ちなみにここでは「規範 norm」と「倫理 ethics」という語ないし概念をあまり厳密に区別せず、相互に関連する意味のものとして使っているが、大きく言えば「規範」のほうが意味が広く、それが何らかの形で内面化し、個人を内的に律するものとして存在する場合に「倫理」という言葉を用いることとしたい）。また以上の「規範の自立」ということは、パットナムがソーシャル・キャピタル（社会関係資本）の重要な要素として挙げている「一般的互酬性」（たとえば、ある人に親切にすることが将来別の人から親切を受けることにつながるといった信頼意識）と深い関係にあるだろう（パットナム［二〇〇六］）。

†遺伝子と文化の共進化

以上のような規範の自立という点に関し、ややテクニカルな議論に響くかもしれないが、「文化の進化」ということに関する次の認識は重要と思われる。

進化生物学で「集団選択」（原語は group selection で、「集団淘汰」「群淘汰」と訳されることもある）と呼ばれる概念がある。これは、一定の特質をもった集団が、何らかの点で他の集団よりも優位性をもち進化の過程で生き残っていくことを意味するが、一般的にはこうした集団選択は、遺伝子による個体の進化の場合にはほとんど働かないとされている。たとえば、「利他的ないし協力的な行動をとりやすい個体が多くいる集団は、互いに協力的で団結するから集団選択において生き残っていく」と直感的には考えがちだが、一般に集団には利己的な個体も多少は存在するだろうから、そうした利己的な個体が（他の個体を出し抜いて生き残っていくため）やがて多数になっていき、何代かの自然選択の後、結局は他の集団と区別がつかなくなるというのがその説明である（ドーキンス［一九九一］、友野［二〇〇六］）。

しかしながら、「遺伝子進化」（遺伝子を通じて親から子へと伝えられる情報）ではなく「文化進化」（世代間や個体間のコミュニケーションを通じて伝えられる情報）を視野に入れると、集団選択も十分起こりうることになる。「部族本能仮説」が主張するのはまさにこの点であり、協力的志向をもった個体を多くもつ集団が、「文化」のレベルにおいて強い規範性を形成し、そうした集団が集団選択のメカニズムを通じて生き残っていくという理解となる。その結果、遺伝子レベルでの利己的な個体／利他的な個体の構成割合も変わっていくので、「文化進化」↓「遺伝子進化」という（逆）方向の作用も働くことになる（こうした理解は「遺伝子と文化の共進化」と呼ばれる。ラムズデン＆ウィルソン［一九九〇］参照）。

こうしたプロセスを通じて、人間の場合、先ほど見た単なる互恵的利他主義を超えた、規範ないし倫理の領域が独立した固有の意味をもつことになるのではないだろうか。

†倫理と社会構造のダイナミクス――農耕社会以降の展開と現在

以上のことは、人間社会における規範ないし倫理というものは、広い意味での文化あるいは経済社会構造の変化に応じて、それに適応しつつダイナミックに進化していくことを意味する。こうした問題意識を踏まえて、約一万年前の農耕開始とそれ以降の現在に至る展開について駆け足で見ておこう。

農耕成立がもたらした変容については次の二点が挙げられるだろう。すなわち一方で、すでに見たように、農耕を基本とする社会は、狩猟採集社会に比べてはるかに強い同調的行動や集団的な管理を必要とする。また食糧その他の資源の貯蔵や蓄積ということが一般的になり、狩猟採集社会に比して「分配」が大きなテーマとなるので、規範というものがそれ以前に比べ大幅に強固な形で展開していくことになる。

他方、特に農耕社会の前半期、言い換えればその「拡大・成長」期においては、そのようにして同調的ないし協力的行動をとることが、生産の拡大につながり個人の利得ともなるから、ある種の「規範と欲求の相乗効果」（集団の規範に従うことが欲求のレベルでの一定のプラスをもたらす）ともいうべき状況が生まれるだろう。このことは、（狩猟採集と対比しての）農耕という生産活動のもつ集団的性格に由来する。またそこからコミュニティの内／外の区分ということが強化されていくことになる。

しかし農耕社会が展開して生産規模も拡大し、複数のコミュニティが出会うとともに、それらが資源制約や環境破壊に直面する中で成熟ないし定常期を迎えた際、新たに生成していったのが先に見た「枢軸時代／精神革命」の諸思想であった。これらはすでに確認したように、①特定のコミュニティや集団を超えた「普遍的」な価値原理を志向するものであり、かつ②農耕社会における物質的生産の量的拡大という方向が限界に達する中で、何らかの意味での「欲望の内的な規制」ということを内実とするものだった。加えて、農耕社会は先に「遅延リターンシステム」ということを確認したように、「格差」が広がるポテンシャルが大きく、現に階層化が大きく進んだ社会になることが多かったから、枢軸時代／精神革命期の思想群は、何らかの意味での格差是正や貧困救済ないし平等を（個人の内的倫理や行動の次元で）説くという性格をもっていた。

けれども一八世紀前後以降の、近代社会における市場経済あるいは資本主義の展開においては、先ほど見たような「マンデヴィル的転回」の中で「倫理の外部化」が行われ、私利の追求が全面的に肯定される。

ただし、これについて多少うがった見方をするならば、そうした個人の私利の追求の積極的評価ということは、ある意味で産業化（工業化）社会という時代構造において〝適応的〟な〝倫理〟であった、という見方も不可能ではないだろう。

すなわち、産業化社会の「拡大・成長」期においては、個人の「自由」の追求が（経済のパイの拡大を通じて）人々の〝共通善〟にもつながったのであり、いわばリベラリズム（自由）とコミュニタリアニズム（共通善）が結果的に重なり合うような状況が存在したのである。

また、私利の追求が適応的な〝倫理〟であったという把握を考えていくと、ウェーバーの「プロテスタンティズムの倫理と資本主義の精神」というテーゼが新たな含意を帯びて浮かび上がってくるようにも思われる。プロテスタンティズムはある意味でマンデヴィルのような粗野で反道徳的な主張を〝倫理〟の次元にまで昇華したものとも言えようし、またプロテスタンティズムの源流たるキリスト教は、その起源は（旧約思想の生まれた）枢軸時代／精神革命期にさかのぼるわけだから、枢軸時代の思想が産業化あるいは資本主義の勃興という時代状況に適合すべく変容した姿ととらえることもできるだろう。

加えて、先ほど農耕社会においては集団的ないし同調的な行動が生産にとってプラスという点を指摘したが、マンデヴィルのような主張は、農耕社会と異なり「個人」が経済活動の単位として適合的な産業化（工業化）社会にふさわしい〝倫理〟でもあったと言えるかもしれない。さらに言えば、そうであったがゆえに、その思想は現在に至るまで忘却されることなく生き延びたのである（「文化的進化」の中には、そうした「思想」の生成や承継あるいは淘汰ということが含まれるだろう）。

しかしながら再び、（1章で論じたように）資本主義の展開の帰結として人々の需要が飽和し、構造的な生産過剰の中で〝過剰による貧困〟が生成し、また地球レベルでの資源・環境制約に直面する中で、言い換えれば私たちが人間の歴史における「第三の定常化」の時代を迎える中で、何らかの新たな価値原理が求められているというのが現在の状況である。

†「枢軸時代／精神革命」期との共通性と差異——個人という出発点

ではそのような新たな倫理あるいは価値とはどのような内容のものであるのか。

まず、それが何らかの意味で「倫理の再・内部化」という要素を含むものであることは確かである。すでに論じてきたように、マンデヴィル的な「倫理の外部化」は、近代以降の市場化・産業化・金融化という、経済のパイの拡大・成長という時代構造と不可分のものだった。そうした構造そのものが変容し、拡大・成長を前提としない社会システムのありようが求められている現在、倫理の再・内部化ということが不可避であり、その限りでは、農耕社会が森林破壊や資源の枯渇といった環境制約に最初に直面した際、人間の欲望を何らかの形で内面的に律する原理として枢軸時代／精神革命時の諸思想が生成した状況と現在は共通している。

しかし、私たちが生きている現在という時代は、枢軸時代／精神革命期の状況と同じかというとそうではない。

では何が違うのか。次の二点が本質的であると思われる。

第一に、近代社会あるいは産業化社会をへてきた私たちは、すでに「独立した個人」をベースとする社会を築いており、それを完全に捨て去ることはできないだろう。言い換えれば、個人の「自由」や「権利 right＝正」という価値原理について、先に論じたようにその限界を認識しつつも、それらを否定してしまうことはできない。つまり、これからの時代の価値原理は、少なくとも〝起点〟ないし出発点を個人に置きつつ、その限界を超えていくという性格のものになるだろう。

図3-8①は「個人―コミュニティ（共同体）―自然」の関係を示したものである。厳密な

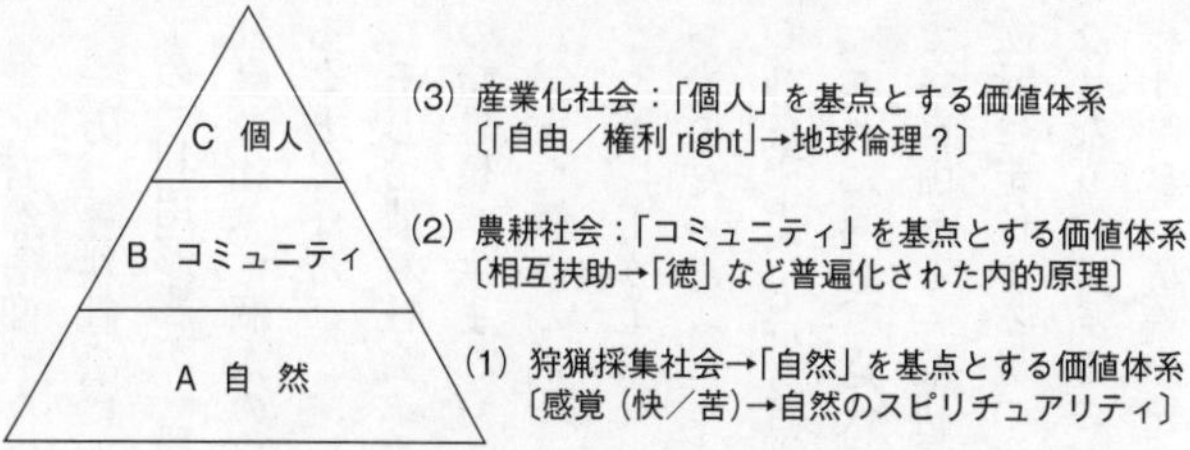

図 3-8 ①　「個人─コミュニティ（共同体）─自然」の関係と狩猟採集社会・農耕社会・産業化社会における価値体系

一対一対応関係ではないものの、これらは「狩猟採集社会─農耕社会─産業化社会」それぞれにおける価値の体系と関連している。

すなわち、狩猟採集社会においては人間は「自然」と半ば一体の生活を営んでおり、そこでの価値ないし倫理は、先ほど互恵的利他主義や「規範」「文化」の生成について述べたが、それらは全体として人間を取り囲む自然環境の中に深く根ざしており、「自然の倫理」とも呼ぶべき性格を強くもつものだった。そこではいわば〝人間の倫理〟（コミュニティの倫理）に対する環境倫理の優位〟とも呼ぶべきものが存在し、人間社会における様々な関係性や行動規範も、あくまで自然との関わりを一次的なものとしつつ、その枠の中で展開していたと言えるだろう。

また、その後半期ないし成熟期としての「心のビッグバン」の時代においては、シンボル的な思考とともに、自然の根底にある（死を含む）領域を包含した世界観が形成され、先ほど「自然のスピリチュアリティ」という表現で示したような自然観や死生観

――「自然信仰」ないし「自然宗教」と呼びうるもの――が形成される。

一方、農耕社会においては、農耕という営みそのものによって人間による自然の（エネルギーの）利用形態が一段高度化すると同時に、農耕という生産活動のもつ集団的性格から、狩猟社会に比べて個人の自律性が弱まり、コミュニティないし共同体の凝集性ないし拘束性が高まることになる。

そして農耕社会が当初の拡大・成長期から成熟期に移行する中で「枢軸時代／精神革命」期の諸思想が生まれたという議論を行ってきたわけだが、それは「個」の自覚という要素を内包し、また個々のコミュニティを超えた普遍的な原理を志向する「普遍宗教」という側面をもちつつも、しかしベースはあくまでコミュニティにあり、「共同体の倫理」という性格を強くもつものだった（たとえば〈個人の〉「自由」といった概念ないし価値が一次的なものとして位置づけられなかったという点は、そうしたことの一つの証左と思われる）。

これに対し、近代社会における〝マンデヴィル的転回〟やそこでの「倫理の外部化」、そして「自由」と「権利 right」を基軸とする価値の体系は、言うまでもなく図のCの「個人」の次元に定位するものである。そこでの「経済のパイの拡大・成長」という条件がすでに存在しなくなりつつあるのが現在であり、その点を踏まえた「倫理の再・内部化」が求められているわけだが、議論の起点が「個人」の次元にあるという点は変わらない。それは、「枢軸時代／

精神革命」期の諸思想が、（農耕社会という経済社会構造において生成したものであるがゆえに）「共同体の倫理」という性格を維持していたということとパラレルである。

†「宇宙」に対する「地球」

以上、これからの時代（第三の定常期）において求められる価値ないし倫理が「枢軸時代／精神革命」期の思想と異なる第一点として、「個人」が起点となるということを指摘したが、第二の点は（「宇宙」に対する）「地球」という視点ないし概念に関わるものだ。

枢軸時代／精神革命期の思想群は、先に論じたように、複数の異質なコミュニティ（とりわけ農耕社会と遊牧社会）が出会うところに生成し、したがって特定のコミュニティを超えた「普遍性」（ないし普遍的な原理）への志向ということを本質的な柱とするものであり、〝宇宙における人間の位置〟に思いをはせる、という性格のものだった。

この場合の「宇宙」とは、天体としての宇宙というイメージも伴うが、その実質的な含意はいわば（人間を取り巻く）世界の森羅万象の統一的な秩序あるいは〝果てのない全体〟というべきものである。それは近代的な意味での「無限」概念とは異なるが、しかし限定や制約を受けない一つの「全体」（ないしコスモロジー）である。加えて枢軸時代／精神革命期の思想においては、特定のコミュニティや文化を超えた「人間なるもの」という概念が基軸となるので、

〝宇宙（という果てのない全体）の中の人間〟という、一元化された人間―宇宙（世界）観が基本となる。

これに対し、私たちがいま様々な形で――ある意味でごく日常的に、ニュースや日々の話題の中でも――言及している「地球」はかなり異質な性格のものである。まず第一に、それは明らかに「有限性」という点に特徴ないし本質があり、枢軸時代／精神革命期における「宇宙」の〝果てのない全体〟に対して、〝果てのある全体〟ともいうべき性格をもっている。

第二に、私たちは文字どおり〝地球化（グローバリゼーション）〟の時代を生きているがゆえに、枢軸時代／精神革命期において生成した各々の思想と、それらが浸透していった地球上の各「地域（リージョン）」を、さらに一歩外から（メタレベルから）眺めることができる、という場所に立っている。

つまり、本章の3で述べた点だが、枢軸時代／精神革命期の各々の思想は、いずれも普遍性」を志向し、かつ（自らの普遍性を）〝自負〟しながらも、各々の思想自体はそれらが生まれた地域の風土ないし自然環境等の〝負荷〟を色濃く背負っており、そうであるがゆえに、その思想や世界観の中身は互いに大きく異なる内容のものなのだった。そして、各々の思想は周辺領域を中心に地球上の各地域に広がっていったが、しかし現在ほどグローバリゼーションが進んだ時代ではなかったこともあり、それらの思想は互いに〝リージョナルな住み分け〟をしながら「共存」することができたのである。

現在はそのような時代ではない。この場合、先ほどから〝地球化＝グローバリゼーション〟ということに言及しているけれども、ここで重要なのは、「世界の均質化」といった意味での〝地球化＝グローバリゼーション〟ではなく、地球の各地域の全体を一歩外から（メタレベルから）眺める視点に立つことができる、という意味での〝地球化〟あるいは〝地球的な視点〟である。それは「世界の均質化」という方向とは全く逆に、世界の各地域の風土や文化や宗教や思想等々の「多様性」を、その多様性が生じる背景までも含めて理解することができるという視座に他ならない。

このことによって、枢軸時代／精神革命期の諸思想との関連で言えば、私たちはそれら各々の思想の全体をメタレベルから見ることができ、しかもそうした思想の内容の多様性がどのような風土や環境等の相違から生じたかを把握することができる。

実はこのことは、枢軸時代／精神革命期の諸思想が、それ以前に存在していた個別のコミュニティや文化の枠を超え出て、それらをより普遍的な視点に立ちつつ「つないで」いったこととパラレルである。

以上、〝「宇宙」に対する「地球」〟という観点から枢軸時代／精神革命期の時代状況と現在とを対比し、

① 地球という「有限性」の自覚（果てのある全体）
② 地球上の各地域の風土や思想等の「多様性」の認識

という点を挙げたが、考えてみれば「有限性」と「多様性」という要素は、いずれも枢軸時代／精神革命期における思想や倫理の生成においてもすでに一定程度自覚されていたとも言えるだろう。つまり「有限性」に関しては、すでに論じてきたように、農耕文明が森林破壊や資源の枯渇などの環境制約ないし環境の有限性に直面する中で生じたのが当時の思想群であり、「多様性」に関しては、複数の異質なコミュニティや文化が出会うところにおいて、そうした多様性を超えた普遍的な原理ないし価値を追求するところに生まれたのが枢軸時代／精神革命期の思想群だった。

しかしそうした諸思想は、先ほど指摘した〝果てのない全体〟としての宇宙ないし世界を背景に想定しながら、一元的な人間像を追求することができた。そこで働いているのは普遍性という方向への無際限のベクトルである。しかし現在の時代においては、地球という有限な環境の認識の中で、自らの思想そのものの有限性や環境による規定性を自覚せざるをえないという状況にあり、この点が枢軸時代／精神革命期との基本的な相違であるだろう。

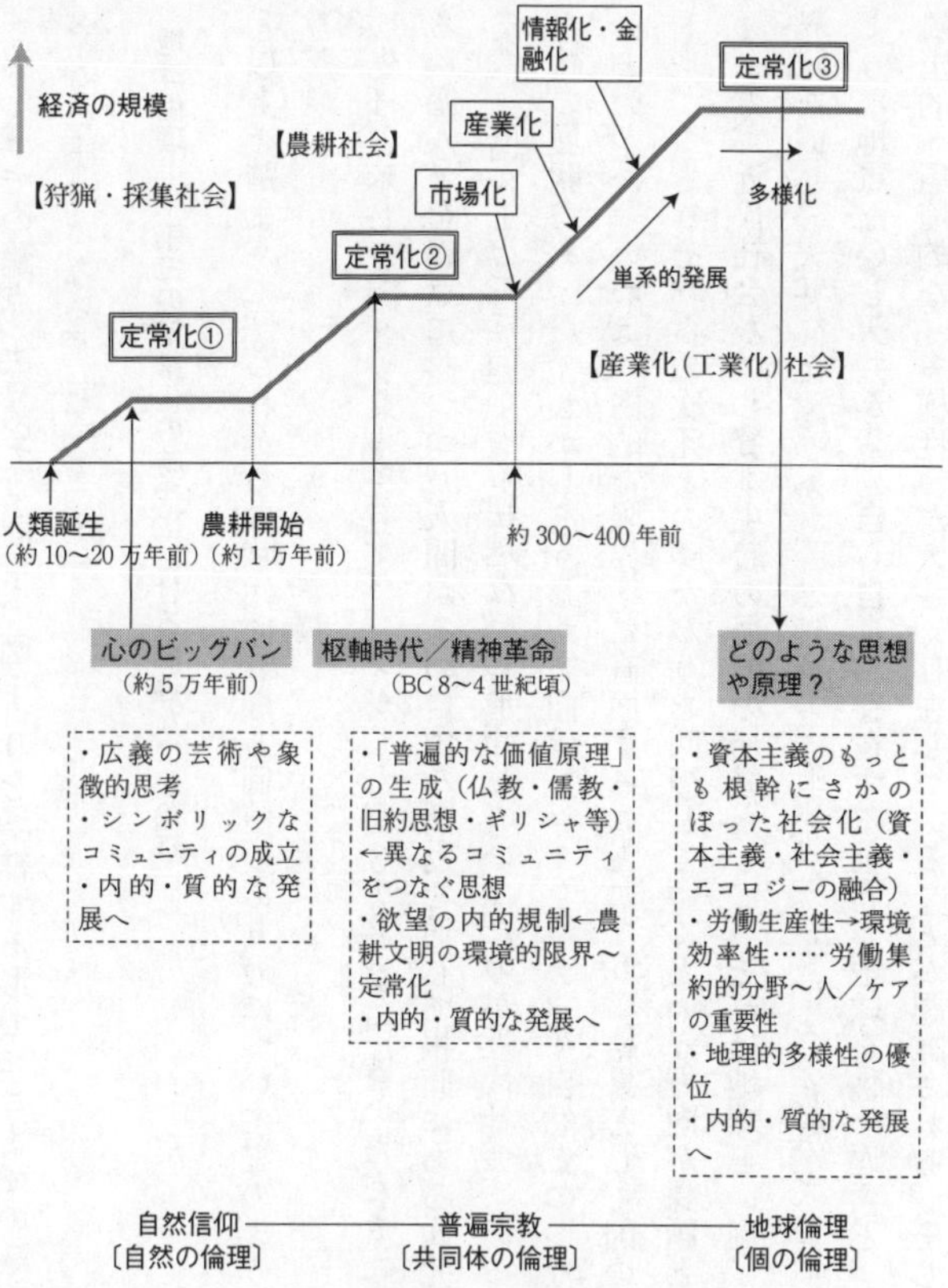

経済の規模
【狩猟・採集社会】
【農耕社会】
情報化・金融化
定常化③
産業化
市場化
多様化
定常化②
単系的発展
定常化①
【産業化(工業化)社会】
人類誕生
(約10〜20万年前)
農耕開始
(約1万年前)
約300〜400年前
心のビッグバン
(約5万年前)
枢軸時代/精神革命
(BC8〜4世紀頃)
どのような思想や原理？
・広義の芸術や象徴的思考
・シンボリックなコミュニティの成立
・内的・質的な発展へ
・「普遍的な価値原理」の生成(仏教・儒教・旧約思想・ギリシャ等)←異なるコミュニティをつなぐ思想
・欲望の内的規制←農耕文明の環境的限界〜定常化
・内的・質的な発展へ
・資本主義のもっとも根幹にさかのぼった社会化(資本主義・社会主義・エコロジーの融合)
・労働生産性→環境効率性……労働集約的分野〜人/ケアの重要性
・地理的多様性の優位
・内的・質的な発展へ
自然信仰
〔自然の倫理〕
普遍宗教
〔共同体の倫理〕
地球倫理
〔個の倫理〕

図3-9　人類史の中の定常型社会（Ⅱ）

第1章での論点を含めて、同章の図1-9を増補する形でここまでの議論をまとめると図3-9のようになる。

†地球倫理――第三の定常化の時代における価値ないし倫理

以上を踏まえて、これからの時代における価値のあり方についてどのようなことが言えるだろうか。

先ほど示した図3-8①を若干アレンジした図3-8②をご覧いただきたい。この図における「個人」を起点にしつつ、人間がその自由な活動を通じて根底にある次元から離れ、その外(ないし図の上方)に向かって超越ないし飛翔していったのが近代社会、あるいはそこでの資本主義の展開であった。しかしそうした方向は、コミュニティや自然とのつながりの希薄化・喪失といった、いわば〝内的な限界〟に直面することになり、結果として図の下方に向かうベクトル、つまりそれらの次元とのつながりを回復していくという方向が課題として浮上する。

一方、近代社会ないし資本主義の展開の帰結として、それは地球という、いわば〝外的な限界〟ないし〝天井〟にぶつかり(=地球の「有限性」)、転回を余儀なくされる。同時に、そのような地点ないし天井から、自ら自身が存在する世界=地球を眺め返すと、そこには各地域の風土的・環境的な「多様性」が大きく存在していることが認識される。そしてまた、様々な地域やコミュニティにおける文化や思想等の相違の背景にそうした風土的・環境的多様性が基盤として働いていることが浮かび上がるとともに、個人という存在もそうした自然やコミュニティに規定された存在であることが自覚される。

枢軸時代／精神革命期における諸思想に関して見れば、それらはそれぞれが自らの「普遍性」を自認していたが、しかしそれらをさらに一歩外から眺めると、その内容は互いに大きく異なり、多様であった。ここで到達した地点は、そうした多様性と、かつそうした多様性がなぜ生じたかを（それを生み出した風土的・環境的多様性と関連させて）ひと回り大きな視座でとらえ返すような場所である。

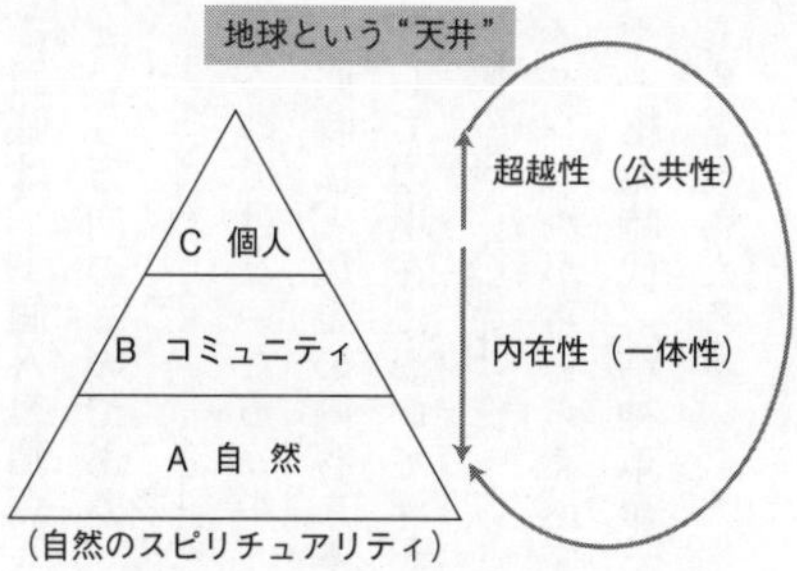

図 3-8 ② 「個人―コミュニティ（共同体）―自然」の関係と現代

これは、自然やコミュニティからの超越性あるいは「個人」の独立という方向が追求されていったその極において、逆にコミュニティそして自然というもっとも根底にある、あるいは内在性の極にあるものが再発見されるという意味で、人間をめぐるある種の根源的な〝循環〟構造と呼べるかもしれない。

以上のような意味で、これからの時代において求められる価値は、(1)個人を起点としつつ、その根底にあるコミュニティや自然の次元を回復していくという方向のものであり、(2)併せて図の上方と下方に向かうベクトル、つまり超越性（ないし公共性）に向かうベクトルと内在性に向かうベクトルが循環的に融合するような性格のものとなるのではないだろうか。

同時に、以上の内容を本章のこれまでの議論全体の中で見渡すと、「第三の定常化の時代」としての現在において浮かび上がる方向は、外的・物質的な拡大から内的な発展（倫理ないし価値の再・内部化）へという方向、および、それまでの世界や価値を一歩外に対して〝開き〟メタレベルからとらえ返すという点において、実は「心のビッグバン」（第一の定常化の時代）や「枢軸時代／精神革命」期（第二の定常化）に生じたこととその構造において共通しているとも言えるだろう。

＊「人間―地球―宇宙」という〝重層社会〟

先ほど〝果てのない全体＝宇宙〟〝果てのある全体＝地球〟という対比を行ったが、言うまでもなく地球は宇宙の中の一部分として存在し、また人間は地球の中に（その一部分として）存在しているので、「人間―地球―宇宙」という〝重層的〟な関係にある。一方、本章の初めで、人間という生き物の特徴は、「重層社会」をなす――個人の外にいきなり社会が存在するのではなく、その間にコミュニティ（ないし家族）という中間的な集団が存在する――という点にあるという議論を行った。このように考えると、地球とはある意味でそうした中間集団ないしコミュニティそのものであるという見方が可能となる（ただし正確には、生命のいる他の天体が確認されているわけではないので、コミュニティの特徴である〝外部との関係〟というものは存在しないのであるが）。このことは先ほど指摘した地球倫理における〝循環〟構造ということとも重なっているように思われる。

†「自然―コミュニティ―個人」をめぐる価値の重層的な統合

以上指摘した(1)(2)の内容についてさらに考えてみよう。

まず、(1)〈個人を起点としつつ、その根底にあるコミュニティや自然の次元を回復していく という方向〉から導かれるのは、「自然―コミュニティ―個人」をめぐる価値の重層的な統合とも呼べる方向である。「価値の源泉」への遡行と言ってもいいだろう。

近代社会においては、すでに論じてきたように個人の「自由」や「権利 right」ということが社会の基本的原理ないし価値とされ、「自由」は他者の自由との調整においてのみ制約される、つまり「自由」より上位の価値は存在しないという了解がなされた。

これは考えてみれば、先の図3-8②のピラミッドにおいて、一番上にある「個人」のところだけを切り離して取り出し、その根底にある「コミュニティ」や「自然」という存在やその価値を捨象してきたもの、ととらえることができるだろう。そこでは確かに様々な価値からの〝中立性〟、あるいは「自由」というプロセスは得られるものの、それだけでは人間は価値の根拠を失う。なぜなら個人という存在の根底には「コミュニティ」が、そしてさらにその根底には「自然」という存在――「生命」とも言い換えられる次元――があり、それらにこそ人間にとっての価値の根源があるからである。私たちは「プラスの価値」の究極の源泉を失ってはいけない。

したがって、図の「C　個人」の次元に対応する「自由」や「権利 right」といった価値を認めつつ、それをそのベースにある「B　コミュニティ」や「A　自然」の次元に対応する価値とつなぎ、統合していくことが必要になる（再び図3-8①を併せて参照されたい）。

このうち「自然」の次元に関する価値については、これまで何度か言及してきたように、「自然のスピリチュアリティ」――自然の中に、単なる物質的な次元を超えた、あるいは有と無（ないし生と死）を超えた何かを見出すような感覚ないし世界観――と呼びうるものが重要と私は考えている（広井［二〇〇三］）。人間の歴史においては、狩猟採集社会が成熟・定常期を迎える中で生じた「心のビッグバン」期以降において、もっとも原初的な宗教ないし自然信仰としてそうした世界観を人々がもつに至っており、また現在においてもこのような「自然のスピリチュアリティ」と呼ぶべき感覚は、地球上の各地域における人々のもっとも根底的な意識の層に存在していると考えられる。

一方、「コミュニティ」の次元に関する価値については、枢軸時代／精神革命期における諸思想が様々なものを提示してきたわけだが、それらにおいてある程度共通しているのは、「徳virtue」という概念などで表わされるような、人間社会における普遍的かつ内的な倫理だったと言えるだろう（もちろん正確には、「徳」概念が中心的な位置を占めるのは、本章の3で論じたような「人間原理」が基調をなすギリシャや中国の思想においてであり、「超越者原理」が基調の旧約思想や、「宇宙原理」が基調の仏教の場合は若干内容が異なるが、ここではそうした内的な倫理や価値を包括してとらえてみたい）。

したがって、先ほど近代以降の「（個人の）自由」を中心とした価値の体系を、その根底にあるコミュニティや自然の次元の価値とつなぎ統合していくことが必要という点を述べたが、以上のように考えていくと、そこに開けてくる価値は、「個人（の自由や権利）」を起点としつつ「徳」や「自然のスピリチュアリティ」という各次元での価値をいわば重層的に統合したものということになる。

この場合、先の図3-8②が示すように、根底にあるのは「自然」（あるいは生命）の次元であり、言い換えれば価値の〝究極の源泉〟はここにあり、その上に「コミュニティ」の次元、さらにその上に「個人」の次元が存在すると考えられるが、ただしそれらは派生的ではありつつも他に還元できない固有の価値をもつと考えるべきだろう。

†規範的価値と存在の価値の融合〜存在と価値の融合

一方、先に指摘した(2)(図3-8②における超越性に向かうベクトルと内在性に向かうベクトルの循環的融合)から導かれるのは、「規範的価値と存在の価値の融合〜存在と価値の融合」とも呼ぶべき方向である。

通常、規範的価値(「べきである」)と存在の価値(ある事物などの存在自体が価値をもつこと)は、別のものと考えられている。しかし、たとえば老荘思想における「徳」の概念は、そうした規範的価値と存在の価値が未分化に融合しているような内容のものであり、こうした点について、先ほども言及した環境哲学者のキャリコットは次のように述べている。

「……徳(te)については、個別的な存在の傾向性だと定義しておくだけで十分だと思われる。……ジャズの例で言うと、ドラムやドラム奏者、ベースやベース奏者にはそれぞれの徳がある。個別のものが、それぞれ特有の徳を伴って、また過ぎ去ったものを文脈としながら生起し、近いものであろうと遠いものであろうと他のいっさいの存在と関係し反応し合いながら、自己を主張しようとするとき、そこに調和、すなわち「道（タオ）」が生じるのである。」（キャリコット［二〇〇九］）

同様に、江戸期の思想家の二宮尊徳も、動物や自然を含めてすべての事物に「徳」があるという世界観をもっていた（山内［二〇〇八］）。現在の日本人にとっては、「徳」という言葉ないし概念は規範的な意味合いの強いものとして解されていると思うが、以上のように理解すれば、つまりすべての人（ひいては自然に存在するすべての事物）が「徳」を有していると考えれば、それは規範的な価値と存在の価値とを包括したような概念となるのではないか。ちなみに、(doingではなく)「being（あること）の価値」ということが言われることがあるが、こうした視点はここで論じていることと関連しているだろう。

文脈は異なるが、ここで想起されるのが、イギリスのいわゆる「第三の道」の議論で提出された「ポジティブ・ウェルフェア」の概念である。ポジティブ・ウェルフェアとは、従来の「福祉」が、概して貧困や病気、失業等に対する〝事後的な救済〟が中心で、その限りにおいて消極的ないしネガティブな性格のものであったのに対し、むしろ福祉を、「個人の潜在的な可能性や価値を〝引き出していく〟」という積極的なものとしてとらえる、という内容のものだった。アンソニー・ギデンズは以下のように述べる。

「『社会保険等のサービスに関する報告』（一九四二年）の中でベバリッジが、不足、病気、無知、不潔、怠惰に対して宣戦布告したのは有名な逸話である。要するに、ベバリッジが宣戦布告したのはネガティブなものばかりである。ポジティブ・ウェルフェアは、これからの福祉のあり方なのである。……ウェルフェアとは、もともと経済的な概念ではなく、満足すべき生活状態を表す心理的な概念である。したがって、経済的給付や優遇措置だけではウェルフェアを達成できない。福祉国家の枠組みの外にある様々な要因の働きを活用することによって、ウェルフェアを高めることができる。福祉のための諸制度は、経済的ベネフィットだけではなく、心理的なベネフィットを増進することをも心がけなければならない。ごくありふれた例を挙げると、お金で支援するよりも、カウンセリングの方がずっと有効な場合があり得る」（ギデンズ［一九九九］）

ギデンズの議論は、ここで述べている「規範的価値と存在の価値の融合」といった哲学的な話題を中心とするものではないのでやや物足りない印象が残るし、また、ポジティブ・ウェルフェアを「社会投資国家 social investment state」と結びつけるなど、そこにはある種の〝生産主義的〟な志向が見られる。しかし、その原義を超えて、ここでの私たちの関心に引き寄せて展開するならば、個人あるいは人間一人ひとりがそれぞれ固有の内在的ないし潜在的な価値をもっており、それを引き出していくこと、あるいはそれが実現されるべく支援や働きかけを行っていくことが「福祉」であるという理解は、ここで論じている「規範的価値と存在の価値の融合」という発想と通底するものではないだろうか。

さらにまた、こうした把握は、福祉国家や資本主義の今後に関する第1章での議論——市場経済を前提としてそこから〝落伍した〟人を「事後的」に救済するという対応のみならず、個人を最初からコミュニティ（や自然）につないでいくといった「事前的」な対応を重視するという方向——ともつながるだろう。

一方、それは本書で展開してきた定常化の時代における人間の「創造性」というテーマとも重なってくる。つまり、経済成長や生産の量的拡大といった一義的なベクトルから解放された状況においてこそ人々の創造性は多様な形で開花していくという理解は、人間一人ひとりが潜在的にもっている可能性や創発性が実現されていくことが「福祉」であるという把握とあいまって、「規範的価値と存在の価値の融合」という発想と呼応するのではないだろうか。

言い換えると、経済成長あるいは物質的生産の拡大の時代においては、〝市場化・産業化・金融化〟という大きなベクトルが支配的となり、そうした生産拡大に寄与する行為や人材が「価値」あるものとされ、創造性もそうした枠組みの中で定義された。

しかし現在という時代は、環境的制約あるいは第1章で論じた〝過剰〟とそれによる貧困という点からも、またポジティブな内的価値や生きる根拠への人々の渇望という点からも、生産への寄与や拡大・成長といったこととは異なる次元での「(存在そのものの) 価値」が求められる。定常期においてこそ人々の質的・文化的な「創造性」が多様な形で展開するという本書で展開してきた議論は、そうした把握と呼応するものであった。

そして、こうした価値に関する議論を社会システムの構想とつなげて考えると、それは他でもなく第1章で論じた〝資本主義と社会主義とエコロジーの融合〟そして「創造的定常経済システム」と呼ぶべき社会像と重なる。

三度目の定常化の時代という人類史全体を視野に収めた視座や、資本主義の進化とポスト資本主義という文脈、ひいては日本社会固有の状況を踏まえながら、新たな社会システムを構想し実現していくとともに、一人ひとりが自らの関心にそくして多様な活動を行っていく。そのような試みと具体的な実践のプロセスの一歩一歩の中に、これからの「創造的福祉社会」は確実に展開していくことになるだろう。

参考文献

リーアン・アイスラー（中小路訳）［二〇〇九］『ゼロから考える経済学』英治出版
ロバート・アクセルロッド［一九九八］（松田訳）『つきあい方の科学』ミネルヴァ書房
浅野裕一［二〇〇五］『古代中国の文明観』岩波新書
池谷裕二［二〇一〇］『脳はなにかと言い訳する』新潮文庫
石弘之・安田喜憲・湯浅赳男［二〇〇一］『環境と文明の世界史』洋泉社新書y
伊東俊太郎［一九八五］『比較文明』東京大学出版会
リチャード・G・ウィルキンソン（池本他訳）［二〇〇九］『格差社会の衝撃』書籍工房早山
イマニュエル・ウォーラーステイン［一九九三］（本多・高橋監訳）『脱＝社会科学』藤原書店
内田亮子［二〇〇七］『人類はどのように進化したか』勁草書房
同［二〇〇八］『生命をつなぐ進化のふしぎ』ちくま新書
大石繁宏［二〇〇九］『幸せを科学する』新曜社
海部陽介［二〇〇五］『人類がたどってきた道』日本放送出版協会
マイケル・S・ガザニガ（柴田訳）［二〇一〇］『人間らしさとはなにか？』インターシフト
河合雅雄［一九九〇］『子どもと自然』岩波新書

神庭重信［一九九九］『こころと体の対話』文春新書
アンソニー・ギデンズ（佐和訳）［一九九九］『第三の道』日本経済新聞出版社
J・ベアード・キャリコット（山内他監訳）［二〇〇九］『地球の洞察』みすず書房
グレゴリー・クラーク（久保訳）［二〇〇九］『10万年の世界経済史（上）（下）』日経BP社
リチャード・G・クライン&ブレイク・エドガー（鈴木訳）［二〇〇四］『5万年前に人類に何が起きたか？』新書館
倉阪秀史・藤生雄太［二〇一〇］「地方における環境税について――再論」、倉阪秀史編著『環境――持続可能な経済システム』勁草書房
小林正弥［二〇一〇］『サンデルの政治哲学』平凡社新書
近藤克則［二〇〇五］『健康格差社会』医学書院
マーシャル・サーリンズ（山内訳）［一九八四］『石器時代の経済学』法政大学出版局
佐倉統［一九九七］『進化論の挑戦』角川選書
財団法人都市計画協会編［二〇〇七］『コンパクトなまちづくり』ぎょうせい
マイケル・サンデル（鬼澤訳）［二〇一〇］『これからの「正義」の話をしよう』早川書房
鈴木秀夫［一九七六］『超越者と風土』大明堂
ジョナサン・H・ターナー（正岡訳）［二〇〇七］『感情の起源』明石書店
ジャレド・ダイアモンド（倉骨訳）［二〇〇〇］『銃・病原菌・鉄（上）（下）』草思社
イルッカ・タイパレ編（山田眞知子訳）［二〇〇八］『フィンランドを世界一に導いた100の社会改革』公人の友社
田中洋子［二〇〇八］「労働・時間・家族のあり方を考え直す」、広井良典編『「環境と福祉」の統合』有

斐閣
辻信一［二〇〇八］『幸せって、なんだっけ』ソフトバンク新書
フランス・ドゥ・ヴァール（柴田訳）［二〇一〇］『共感の時代へ』紀伊國屋書店
リチャード・ドーキンス（日高他訳）［一九九一］『利己的な遺伝子』紀伊國屋書店
友野典男［二〇〇六］『行動経済学』光文社新書
ロバート・トリヴァース（中嶋他訳）［一九九一］『生物の社会進化』産業図書
内閣府国民生活局編［二〇〇三］『ソーシャル・キャピタル』国立印刷局
中井久夫［一九八二］『分裂病と人類』東京大学出版会
中島恵理［二〇〇五］『英国の持続可能な地域づくり――パートナーシップとローカリゼーション』学芸出版社
西田正規［二〇〇七］『人類史のなかの定住革命』講談社学術文庫
服部圭郎［二〇〇九］『道路整備事業の大罪』洋泉社新書y
ロバート・パットナム［二〇〇六］『孤独なボウリング――米国コミュニティの崩壊と再生』柏書房
日端康雄［二〇〇八］『都市計画の世界史』講談社現代新書
広井良典［一九九七］『医療保険改革の構想』日本経済新聞出版社
同［二〇〇〇］『ケア学』医学書院
同［二〇〇一］『定常型社会――新しい「豊かさ」の構想』岩波新書
同［二〇〇三］『生命の政治学――福祉国家・エコロジー・生命倫理』岩波書店
同［二〇〇五］『ケアのゆくえ 科学のゆくえ』岩波書店
同［二〇〇六］『持続可能な福祉社会――「もうひとつの日本」の構想』ちくま新書

同［二〇〇九a］『グローバル定常型社会——地球社会の理論のために』岩波書店
同［二〇〇九b］『コミュニティを問いなおす——つながり・都市・日本社会の未来』ちくま新書
福士正博［二〇〇九］『完全従事社会の可能性』日本経済評論社
藤井直敬［二〇〇九］『つながる脳』NTT出版
ブルーノ・S・フライ他（佐和監訳）［二〇〇五］『幸福の政治経済学』ダイヤモンド社
古田隆彦［二〇〇八］『日本人はどこまで減るか』幻冬舎新書
リチャード・フロリダ（井口訳）［二〇〇八］『クリエイティブ資本論』ダイヤモンド社
ロバート・ベラー（河合訳）［一九七三］『社会変革と宗教倫理』未來社
スティーヴン・M・ボードイン（伊藤訳）［二〇〇九］『貧困の救いかた』青土社
クライブ・ポンティング（石弘之訳）［一九九四］『緑の世界史（上）（下）』朝日選書
馬上丈司［二〇一〇］「分散的エネルギー供給とエネルギー永続地帯指標」、倉阪秀史編著『環境——持続可能な経済システム』勁草書房
真木悠介［一九九三］『自我の起原』岩波書店
松本元［一九九六］『愛は脳を活性化する』岩波科学ライブラリー
松本直子他編［二〇〇三］『認知考古学とは何か』青木書店
アレクサンドラ・マリヤンスキー＆ジョナサン・ターナー（正岡訳）［二〇〇九］『社会という檻——人間性と社会進化』明石書店
ロジャー・マルティーニ［二〇〇九］「所得補償、「品目特定」避けよ」『日本経済新聞社』二〇〇九年一〇月二〇日（経済教室）
バーナード・マンデヴィル（泉谷訳）［一九八五］『蜂の寓話』法政大学出版局

水野和夫［二〇〇七］『人々はなぜグローバル経済の本質を見誤るのか』日本経済新聞出版社
水野和夫・萱野稔人［二〇一〇］『超マクロ展望 世界経済の真実』集英社新書
スティーヴン・ミズン（松浦他訳）［一九九八］『心の先史時代』青土社
蓑原敬［二〇〇九］『地域主権で始まる本当の都市計画・まちづくり』学芸出版社
村上泰亮［一九九四］『反古典の政治経済学要綱』中央公論新社
同［一九九八］『文明の多系史観』中公叢書
安田喜憲［一九八八］『森林の荒廃と文明の盛衰』思索社
カール・ヤスパース（重田訳）［一九六四］『歴史の起源と目標』理想社
山内友三朗［二〇〇八］「地球を救う報徳思想」『報徳学』No. 5
山岸俊男［二〇〇〇］『社会的ジレンマ』PHP新書
山極寿一［一九九四］『家族の起源』東京大学出版会
セルジュ・ラトゥーシュ（中野訳）［二〇一〇］『経済成長なき社会発展は可能か？』作品社
C・J・ラムズデン&E・O・ウィルソン（松本訳）［一九九〇］『精神の起源について』思索社
コリン・レンフルー（小林訳）［二〇〇八］『先史時代と心の進化』ランダムハウス講談社
ジェイムズ・ロバートソン（石見他訳）［一九九九］『21世紀の経済システム展望――市民所得・地域貨幣・金融システムの総合構想』日本経済評論社
和辻哲郎［一九五二］『日本倫理思想史』岩波書店
Boyd, Robert and Richerson, Peter J. [2005], *The Origin and Evolution of Cultures*, Oxford University Press.

Cohen, Joel E. [1995], *How Many People can the Earth Support?*, Norton.

DeLong, J. Bradford [1998], "Estimating World GDP, One Million B.C. –Present," http://www.j-bradford-delong.net/

Fitzpatrick and Cahill (eds) [2002], *Environment and Welfare: towards a Green Social Policy*, Palgrave.

OECD [1993], *Taxation in OECD Countries.*

OECD [2007], *Modernising Social Policy for the New Life Course.*

Pomeranz, Kenneth [2000], *The Great Divergence*, Princeton University Press.

Stiglitz, Joseph E., Sen, Amartya and Fitoussi, Jean-Paul [2010], *Mismeasuring Our Lives: Why GDP doesn't Add Up?*, The New Press.

あとがき

ある意味で本を書き上げた時はいつもそうとも言えるが、本書をまとめた今、内容は拙いものながら、自分がもっとも関心をもち、表現したかったことを書いたという思いが（全くの自己満足とはいえ）とりわけ大きい。

序文にも記したように、本書の大半は、東日本大震災以前に書かれたものである（特に二〇一〇年末の冬休みに恒例の〝山ごもり〟で第3章を集中的に執筆した）。そうしたこともあって、また上記のように自分にとってもっとも興味のあるテーマを、政策領域や学問分野等の枠を一切気にせずただ単純に追求したということもあり、本書で展開している内容を考え書いていくことは、純粋に楽しいことだった。

そのようにして執筆の最終まとめをしている段階で、三月一一日の大震災は起こった。震災とそれに対する対応に関しては、（その後、震災復興関連のいくつかのプロジェクトに参加させていただくことにはなったものの）自分としてできていることはほぼ皆無に近く、忸怩《じくじ》たる思いがあるのみである。

ただひとつ言えることがあるとすれば、日本社会が直面している構造的な諸課題そのものは、震災の前後で究極的には変わりがなく、今回の震災はそれを様々な面でいわば先鋭化させたものとしてとらえ、したがって震災を契機に本来必要だった改革やパラダイム転換を加速させるという方向が重要ではないかという認識である。実際、第1章や第2章で展開した内容は、震災後の社会構想というテーマとも重なる部分をかなり含んでいると思われるし、本書の中ではもっとも〝現実〟と距離を置いた内容とも言える第3章についても、「定常化の時代における創造性」という視点を含め、震災との関連ということを意識した上でも一定の意味をもちうることを願うばかりである。

本書の成り立ちの経緯に関して一言ふれさせていただくと、二〇〇九年に『グローバル定常型社会』と『コミュニティを問いなおす』という二冊の本を出し、それらはいずれも自分の中で一定の節目になる内容だったので、当面は本をまとめることはないだろうと思っていた。しかしその後、自分の中で地域やローカルないし空間的なことへの関心がさらに高まり、しかもそれが第1章で論じているような資本主義の進化という時間軸の話と融合するようになり、他方で第3章で展開しているような（ある意味で自分の中でのもっとも本来的な）テーマがそれらと結びつき、また先ほどもふれた「物質的生産の拡大・成長の後に来る内的な発展や創造性」という視点などが浮かび上がる中で、ある種の有機的なまとまりが自然にできて本になっていった。

上記の前二著が〝合流〟するような内容ともなっていることを期したいし――その趣旨は、『生命の政治学』（二〇〇三年）で論じた「自然のスピリチュアリティ」という把握が、一方でさらにその根底に向かうベクトルの先で行き着いた「風土／開放定常系」という概念（『グローバル定常型社会』）と、他方で超越ないし公共性に向かうベクトルの先で行き着いた「地球倫理」という概念（『コミュニティを問いなおす』）が最終的に融合するものであるということ――、また本書の各章は私自身の中では密接に関連しあう一つの全体をなしているが、それでも読者の方から見れば、全く異質な次元の議論が混在していると映るかもしれない。そうした点については、各章の内容そのものの改善や深化と併せて、今後の課題として少しでも発展させていきたいと思う。

＊

以上とも関連しつつ、半ば余談となるが、私の実家は岡山市の中心市街地にある（現在はほぼ〝シャッター通り〟となっている）商店街で、化粧品や文房具を売る小さな小売店であり、それが自分にとっての原風景となっている。進路選択に直面する中で、高三の頃から哲学的なテーマばかりを考えるようになり――中学校の教師だった今は亡き父親の影響もあったかもしれない――、大学での専攻も三年生になるとき法律から科学史・科学哲学という分野に変更し転部したが、哲学やそうしたことについて考えることと、原風景である商店街や店で働く人たちのリアリティとが、どこでつながるのかという問いをずっともっていた。

最近になってようやく、その両者が自分の中で結びつくようになり、自分にとっての原点、あるいは土台にあるものに多少なりとも帰ってきている感じがしている。いわば、商店街やローカルな地域について考えることが、そのまま哲学あるいは普遍的、グローバルなテーマにつながるという、そうした時代になっているのではないかと思う。

もう一点個人的な述懐を記すことをお許しいただければ、先述のように、自分がもっとも関心をもち表現したいと思う内容の本を、五〇歳という節目の年に出す機会をもてたことを、本当にありがたく感じている。つい先日、ゼミの時間に学生たちから誕生日の祝いをもらい、そうした経験は初めてだったので驚くとともに、そういえば今年は通常の誕生日とは違うのだなと思い返して多少納得（?）したが、ともあれそうした年にこの本を出せることを幸いに思う。

本書が成るにあたっては、いつもながら多くの方々から様々な機会にいただいた示唆や知見、支援によるところが大きく、この場を借りてあらためて感謝したい。また、ちくま新書編集部の増田健史氏には前著に続いてお世話になり、企画段階から丹念かつ本質をついたコメントや励ましをいただいた。深く御礼申し上げる次第である。

二〇一一年　新緑の季節に

広井良典

日本音楽著作権協会(出)許諾第 1106561-101 号

創造的福祉《そうぞうてきふくし》社会《しゃかい》
――「成長《せいちょう》」後《ご》の社会構想《しゃかいこうそう》と人間《にんげん》・地域《ちいき》・価値《かち》

二〇一一年七月一〇日　第一刷発行

著　者　広井良典（ひろい・よしのり）
発行者　熊沢敏之
発行所　株式会社　筑摩書房
東京都台東区蔵前二-五-三　郵便番号一一一-八七五五
振替〇〇一六〇-八-四一二三
装幀者　間村俊一
印刷・製本　株式会社　精興社

乱丁・落丁本の場合は、左記宛にご送付下さい。
送料小社負担でお取り替えいたします。
ご注文・お問い合わせも左記へお願いいたします。
〒三三一-八五〇七　さいたま市北区櫛引町二-六〇四
筑摩書房サービスセンター
電話〇四八-六五一-〇〇五三

ISBN978-4-480-06619-0 C0236

ちくま新書
914

649
郊外の社会学
――現代を生きる形
若林幹夫
「郊外」は現代社会の宿命である。だが、その輪郭は捉え難い。本書では、その成立ちと由来を戦後史のなかに位置づけ、「社会を生きる」ことの意味と形を問う。

659
現代の貧困
――ワーキングプア／ホームレス／生活保護
岩田正美
貧困は人々の人格も、家族も、希望も、やすやすと打ち砕く。この国で今、そうした貧困に苦しむのは「不利な人々」ばかりだ。なぜ？　処方箋は？　をトータルに描く。

673
ルポ　最底辺
――不安定就労と野宿
生田武志
野宿者はなぜ増えるのか？　フリーターが「若者」ではなくなった時どうなるのか？　野宿と若者の問題を同じ位相で捉え、社会の暗部で人々が直面する現実を報告する。

710
友だち地獄
――「空気を読む」世代のサバイバル
土井隆義
周囲から浮かないよう気を遣い、その場の空気を読もうとするケータイ世代。いじめ、ひきこもり、リストカットなどから、若い人たちのキッさと希望のありかを描く。

718
社会学の名著30
竹内洋
社会学は一見わかりやすそうで意外に手ごわい。でも良質の解説書に導かれれば知的興奮を覚えるようになる。30冊を通して社会学の面白さを伝える、魅惑の入門書。

728
若者はなぜ正社員になれないのか
川崎昌平
日雇いバイトでわずかの生活費を稼ぐ二六歳、無職。正社員めざし重い腰を上げるが数々の難関が行く手を阻む。彼は何をつかむのか？　実録・フリーターの就職活動。

746
安全。でも、安心できない…
――信頼をめぐる心理学
中谷内一也
凶悪犯罪、自然災害、食品偽装……。現代社会に潜むリスクを「適切に怖がる」にはどうすべきか？　理性と感情のメカニズムをふまえて信頼のマネジメントを提示する。

ちくま新書

008 ニーチェ入門　竹田青嗣
新たな価値をつかみなおすために、今こそ読まれるべき思想家ニーチェ。現代の我々をも震撼させる哲人の核心に大胆果敢に迫り、明快に説く刺激的な入門書。

020 ウィトゲンシュタイン入門　永井均
天才哲学者が生涯を賭けて問いつづけた「語りえないもの」とは何か。写像・文法・言語ゲームと展開する特異な思想に迫り、哲学することの妙技と魅力を伝える。

029 カント入門　石川文康
哲学史上不朽の遺産『純粋理性批判』を中心に、その哲学の核心を平明に読み解くとともに、哲学者の内面のドラマに迫り、現代に甦る生き生きとしたカント像を描く。

071 フーコー入門　中山元
絶対的な〈真理〉という〈権力〉の鎖を解きはなち、〈別の仕方〉で考えることの可能性を提起した哲学者、フーコー。一貫した思考の歩みを明快に描きだす新鮮な入門書。

200 レヴィナス入門　熊野純彦
フッサールとハイデガーに学びながらも、ユダヤの伝統を継承し独自の哲学を展開したレヴィナス。収容所体験から紡ぎだされた強靭で繊細な思考をたどる初の入門書。

277 ハイデガー入門　細川亮一
二〇世紀最大の哲学書『存在と時間』の成立をめぐる謎とは？　難解といわれるハイデガーの思考の核心を読み解き、西洋哲学が問いつづけた「存在への問い」に迫る。

533 マルクス入門　今村仁司
社会主義国家が崩壊し、マルクス主義が後退した今、マルクスを読みなおす意義は何か？　既存のマルクス像からはじめて自由になり、新しい可能性を見出す入門書。

ちくま新書

159 哲学の道場 中島義道
やさしい解説書には何のリアリティもない。でも切実に哲学したい。死の不条理への問いから出発した著者が、哲学の真髄を体験から明かす入門書。原書はわからない。

482 哲学マップ 貫成人
難解かつ広大な「哲学」の世界に踏み込むにはどうしても地図が必要だ。各思想のエッセンスと思想間のつながりを押さえて古今東西の思索を鮮やかに一望する。

545 哲学思考トレーニング 伊勢田哲治
哲学って素人には役立たず？ 否、そこは使える知のツールの宝庫。屁理屈や権威にだまされず、筋の通った思考を自分の頭で一段ずつ積み上げてゆく技法を完全伝授！

666 高校生のための哲学入門 長谷川宏
どんなふうにして私たちの社会はここまできたのか。「知」の在り処はどこか。ヘーゲルの翻訳で知られる著者が、自身の思考の軌跡を踏まえて書き下ろす待望の書。

695 哲学の誤読 ——入試現代文で哲学する！ 入不二基義
哲学の文章を、答えを安易に求めるのではなく、思考の対話を重ねるように読み解いてみよう。入試問題の哲学文を「誤読」に着目しながら精読するユニークな入門書。

866 日本語の哲学へ 長谷川三千子
言葉は、哲学の中身を方向づける働きを持っている。和辻哲郎の問いを糸口にパルメニデス、デカルト、ハイデッガーなどを参照し、「日本語の哲学」の可能性をさぐる。

901 ギリシア哲学入門 岩田靖夫
「いかに生きるべきか」という問題は一個人の幸福から「正義」への問いとなり、共同体＝国家像の検討へつながる。ギリシア哲学を通してこの根源的なテーマに迫る。

ちくま新書

012 生命観を問いなおす
——エコロジーから脳死まで
森岡正博
エコロジー運動や脳死論を支える考え方に落とし穴はないだろうか？　欲望の充足を追求しつづける現代のシステムに鋭いメスを入れ、私たちの生命観を問いなおす。

432 「不自由」論
——「何でも自己決定」の限界
仲正昌樹
「人間は自由だ」という考えが暴走したとき、ナチズムやマイノリティ問題が生まれる——。逆説に満ちたこの問題を解きほぐし、21世紀のあるべき倫理を探究する。

469 公共哲学とは何か
山脇直司
滅私奉公の世に逆戻りすることなく私たちの社会に公共性を取り戻すことは可能か？　個人を活かしながら公共性を開花させる道筋を根源から問う知の実践への招待。

509 「おろかもの」の正義論
小林和之
凡愚たる私たちが、価値観の対立する他者との間に築きあげるべき「約束事としての正義」とは？　現代が突きつける倫理問題を自ら考え抜く力を養うための必読書！

680 自由とは何か
——監視社会と「個人」の消滅
大屋雄裕
快適で安心な監視社会で「自由」に行動しても、それはあらかじめ制約された「自由」でしかないかもしれない。「自由」という、古典的かつ重要な概念を問い直す。

689 自由に生きるとはどういうことか
——戦後日本社会論
橋本努
戦後日本は自由を手に入れたが、現実には閉塞感が蔓延するばかりだ。この不自由社会を人はどう生き抜くべきか？　私たちの時代経験を素材に描く清新な「自由論」。

720 いま、働くということ
大庭健
仕事をするのはお金のため？　それとも自己実現？　不安定就労が増す一方で、過重労働にあえぐ正社員たち。現実を踏まえながら、いま、「働く」ことの意味を問う。

ちくま新書

329 教育改革の幻想　苅谷剛彦
新学習指導要領がめざす「ゆとり」や「子ども中心主義」は本当に子どもたちのためになるものなのか？　教育と日本社会のゆくえを見据えて緊急提言する。

359 学力低下論争　市川伸一
子どもの学力が低下している!?　この認識をめぐり激化した巨大論争を明快にときほぐし、あるべき改革への第一歩を提示する。「ゆとり」より「みのり」ある教育を！

543 義務教育を問いなおす　藤田英典
義務教育の改革が急ピッチで進められている。だが、その方途は正しいのか。義務教育制度の意義と問題点を見つめなおし、改革の道筋を照らす教育社会学の成果。

679 大学の教育力 ——何を教え、学ぶか　金子元久
日本の大学が直面する課題を、歴史的かつグローバルな文脈のなかで捉えなおし、高等教育が確実な「教育力」をもつための方途を考える。大学関係者必読の一冊。

721 中高一貫校　日能研進学情報室
中学入試が定着したいま、小学校高学年の子どもをもつ親の意志がとても重要になっています。中学高校は多感な時期。預け先を間違えないための秘訣を伝授します。

742 公立学校の底力　志水宏吉
公立学校のよさとは何か。元気のある学校はどんな取り組みをしているのか。12の学校を取り上げた本書は、公立学校を支える人々へ送る熱きエールである。

758 進学格差 ——深刻化する教育費負担　小林雅之
統計調査から明らかになった進学における格差。なぜ今まで社会問題とならなかったのか。諸外国の奨学金のあり方などを比較しながら、日本の教育費負担を問う。

ちくま新書

294 デモクラシーの論じ方
——論争の政治
杉田敦
民主主義、民主的な政治とは何なのか。あまりに基本的と思える問題について、一から考え、デモクラシーにおける対立点や問題点を明らかにする、対話形式の試み。

465 憲法と平和を問いなおす
長谷部恭男
情緒論に陥りがちな改憲論議と冷静に向きあうには、そもそも何のための憲法かを問う視点が欠かせない。この国のかたちを決する大問題を考え抜く手がかりを示す。

535 日本の「ミドルパワー」外交
——戦後日本の選択と構想
添谷芳秀
「平和国家」と「大国日本」という二つのイメージに引き裂かれてきた戦後外交をミドルパワー外交と積極的に位置付け直し、日本外交の潜在力を掘り起こす。

594 改憲問題
愛敬浩二
戦後憲法はどう機能してきたか。改正でどんな効果が期待できるのか。改憲論議にはこうした実質を問う視角が欠けている。改憲派の思惑と帰結をクールに斬る一冊!

636 東アジア共同体をどうつくるか
進藤榮一
アセアン+日・中・韓が推進する地域経済統合はどのようなシナリオを描いて実現へと向かうのか。日本再生の条件と東アジア共同体創設への道をさぐる注目の一冊!

655 政治学の名著30
佐々木毅
古代から現代まで、著者がその政治観を形成する上でたえず傍らにあった名著の数々。選ばれた30冊は混迷を深める時代にこそますます重みを持ち、輝きを放つ。

722 変貌する民主主義
森政稔
民主主義の理想が陳腐なお題目へと堕したのはなぜか。その背景にある現代の思想的変動を解明し、複雑な共存のルールへと変貌する民主主義のリアルな動態を示す。

ちくま新書

002
経済学を学ぶ
岩田規久男
交換と市場、需要と供給などミクロ経済学の基本問題から財政金融政策などマクロ経済学の基礎までを、現実の経済問題に即した豊富な事例で説く明快な入門書。

035
ケインズ
――時代と経済学
吉川洋
マクロ経済学を確立した20世紀最大の経済学者ケインズ。世界経済の動きとリアルタイムで対峙して財政・金融政策の重要性を訴えた巨人の思想と理論を明快に説く。

336
高校生のための経済学入門
小塩隆士
日本の高校では経済学をきちんと教えていないようだ。本書では、実践の場面で生かせる経済学の考え方をわかりやすく解説する。お父さんにもピッタリの再入門書。

657
グローバル経済を学ぶ
野口旭
敵対的ＴＯＢ、ハゲタカファンド、ＢＲＩＣs、世界同時株安……。ますますグローバル化する市場経済の中で、正しい経済学の見方を身につけるための必読の入門書。

724
金融vs.国家
倉都康行
国家はどのように金融に関わるべきなのだろうか。歴史的な視点から国家とマネーの連立方程式を読み解き、日本の金融ビジネスが進むべき道を提示した瞠目の論考。

785
経済学の名著30
松原隆一郎
スミス、マルクスから、ケインズ、ハイエクを経てセンまで。各時代の危機に対峙することで生まれた古典には混沌とする経済の今を捉えるためのヒントが満ちている！

807
使える！ 経済学の考え方
――みんなをより幸せにするための論理
小島寛之
人は不確実性下においていかなる論理と嗜好をもって意思決定するのか。人間の行動様式を確率理論を用いて抽出し、社会的な平等・自由の根拠をロジカルに解く。